人生中場拉警報！

王乾任　著

財富、健康、
人際關係一網打盡
遠離老後貧窮的惡夢

國家圖書館出版品預行編目資料

人生中場拉警報!:財富、健康、人際關係一網打盡,遠離老後貧窮的惡夢/王乾任著.——初版一刷.——臺北市: 三民, 2017

面; 公分.——(養生智慧)

ISBN 978-957-14-6301-8 (平裝)

1. 老年 2. 家庭理財 3. 生活指導

544.8 106009441

 人生中場拉警報!

——財富、健康、人際關係一網打盡,遠離老後貧窮的惡夢

著作人	王乾任
責任編輯	蔡佳怡
美術設計	黃愛平
發行人	劉振強
著作財產權人	三民書局股份有限公司
發行所	三民書局股份有限公司 地址 臺北市復興北路386號 電話 (02)25006600 郵撥帳號 0009998-5
門市部	(復北店) 臺北市復興北路386號 (重南店) 臺北市重慶南路一段61號
出版日期	初版一刷 2017年6月
編號	S 541400

行政院新聞局登記證局版臺業字第〇二〇〇號

ISBN 978-957-14-6301-8 (平裝)

http://www.sanmin.com.tw 三民網路書店

叢書出版緣起

隨著醫學科技日益進步，大幅延長人類的壽命，臺灣在一九九三年已進入聯合國定義的高齡化社會。根據統計，不久的將來，老年人口將會占總人口數的二十%，臺灣將進入「超高齡社會」，意味著每四到五個人中，就有一位老人。

過往人們追求延長壽命的觀念，也進一步轉變成如何「活得老，也活得好」的整體規劃。人們開始認真思考熟齡生活該如何計畫、身體該如何養護、人際關係該如何整理等問題。政府也訂定了許多相關的法令，提供年長者各式各樣的服務與補助，期望能營造一個友善的環境，讓每個人都能老得自在、老得快活！

身為對社會具有責任的文化出版者，我們是否也能為熟齡社會做些什麼？在一番觀察與反省後，我們思索著要帶給社會一些什麼樣的東西，讓臺灣的熟齡世代，可以朝向一個更美好、更有希望及更理想的未來。以此作為基礎，我們企劃了【養生智慧】系列叢書，邀集各領域中學有專精的醫師、專家學者，共同為社會盡一分心力，提供熟齡世代以更嶄新的眼光、更深層的思考，重新看待自己的生命與未來，省視自我的人生歷練，進而邁向更完整、圓融的生命歷程。

【養生智慧】系列叢書涵蓋生理、心理與社會生活層面，以提供熟年世代更多元、更豐富的視野，達到「成功老化」的目標。「生理與心理層面」以常見的生理及心理疾病作為架構，集結了各大醫院的醫師與學者，以專業的角度介紹、分析，並以實務上豐富的閱歷提出具體的建議與提醒，不僅能提供患者及其家屬實用的醫護內容，更是一般大眾的預防保健寶典。「社會生活層面」則涵蓋熟齡生活的所有面向，包含人際關係的經營、休閒活動的安排及世代溝通的技巧等，使讀者能成功邁向擁有健康身體，且心靈富足的熟年生活。

本系列叢書重視知識的可信度與嚴謹性，並強調文字的易讀性與親切感，除了使讀者獲得正確的知識，更期待能轉化知識為正向、積極的生活行動力。我們深切地期望【養生智慧】系列叢書，能成為熟年世代的生涯良伴，讓我們透過閱讀，擁有更完整、更美好的人生。

三民書局編輯部　謹識

推薦序1：變老，要養債嗎？

我是個天真樂觀的人，一向以「船到橋頭自然直」的心態在過日子，所以，儘管有過風不平、浪不靜的驚險歲月，也總能在沉著冷靜、努力成長的掌舵下，度過層層難關。

如今，仔細閱讀了王乾任老師的新書《人生中場拉警報！財富、健康、人際關係一網打盡，遠離老後貧窮的惡夢》，才發現還有很多不懂的人生面向！

書名中的「老後貧窮」這四個字特別刺眼，「老後」，我老了嗎？為什麼上車有人會讓座？為什麼新聞以「老婦人」稱呼與我同齡的人？至於「貧窮」這兩個字，雖不至於「三餐不繼」，但也未達家財萬貫、華屋豪車的富人生活。

在一面心驚膽跳、一面調整心態的節奏下，我遁著字裡行間，終於逐步平衡心情。沒錯，再不及早規劃，是有可能成為下流老人，過著周邊無人聞問，每花一毛錢，都要斤斤計較，甚至捉襟見肘的日子。

一向倡導「活到老、學到老、樂到老、做到老」的我，在此時此刻，儘管心胸寬大、志向無限，仍要乖乖地回到現實面，一步一腳印，按照王乾任老師的提點，認真審視自己了。

我要走向老後貧窮的人生嗎？答案當然是：NO!既然不想、不要、不肯做一個「老後貧窮的銀髮族」。那麼，當警報響起時，我要如何好自為之呢？按照書中的真知灼見，我需要勇敢問自己：

一、我準備的養老金，足夠安穩到最後嗎？
二、我的身體照護，還有哪些不足之處？
三、我周邊人際關係有緊密的連繫網絡嗎？
四、我最需要人手時，有人能隨傳隨到嗎？
五、我目前的工作型態能增加往後「持續性的收入」嗎？
六、我的遺囑有照顧每位家人的感受和需要嗎？
七、我能夠給家人精神財富式的傳家寶嗎？
八、我如何轉換「變老是養債」的陷阱，而成為「變老是養財」的正面人生？

這些問句打進心坎裡，一而再，再而三地反覆問自己，我終於找到及時拉自己一把的契機，事不宜遲了。因為，王乾任老師在書中仔細地教導我們——核算個人退休金的數目、從何處找到「持續性的收入」，還有如何保持健康、讓孩子參與養老、創造被需要的人生，以及規劃熟年期的醫療和照護開銷等。

原來不怕遲，只怕沒有開始，各位讀者，當您翻開這本書，不但可以在身體健康、財富獨立和人際關係三方面做好個人的養老規劃，也可以轉身看看周邊的親朋好友，同時助他們一臂之力來脫離「老後貧窮」哦！

祝福大家！

國際演說家、人際關係專家

吳娟瑜

推薦序2：成為熟年勝利組！

人只要活著，都會面臨年紀增長而逐漸衰老的問題，有的人是積極地面對準備，但也有人只顧眼前，帶著及時行樂的心態，而無法宏觀的看待人生的各個階段。

本書的作者以未雨綢繆的心態，詳盡地分析在熟年時期會面臨的各種問題與議題，不論是經濟、醫療的面向、社會上的觀點、貧窮的議題、詐騙的議題，甚至人人避之唯恐不及的生死議題，作者分別在三個章節中，舉出實例並詳盡地說明，以理論與實務結合的方式，讓讀者不只是看到問題，更一一指出因應之道，讓每個人在高齡時得以找到解決的方法。

作者針對四十至五十歲這段人生的關鍵期，提出眾多的建言，提到若能趁著這關鍵的十年規劃自己的工作及生活型態，對於預防熟年的困境將會有莫大的助益。一般人的中年時期，往往將大部分的時間投資在工作上，作者提及若能培養出一項無人可取代之專業，即使面臨失業也能養活自身與家庭，在使用時間的分配上，可以重新調整，投資更多時間在陪伴家人、年輕時沒有視為第一順位的健康，包含飲食與運動，甚至發展自己的興趣，以便在結束職涯時，仍然有生活的目標與重心，在交友方面，不只是將人脈視為錢脈，若能將時間投資在能互相扶持的友誼上，對於熟年的生活更是多一層保障。

人往往邁入熟年後就失去生活的目標，作者提醒讀者：積極投入有意義的事情，從事義工、志工或培養接班人將經驗傳承。作者也提及除了自己本身，對於父母的照顧需求，更是需要提早規劃，借鑑外國的經驗，許多人因孝心照顧父母必須離開職場，結果無法重回職場，最後淪為下流老人（老年貧窮），甚為可惜。

此外，高齡友善城市要由自己做起，成功的教養，有良好的親子互動，子女會是熟年時期的一大助力。反之，錯誤的教育方式則容易養育出啃老的下一代。在面臨緊急狀況時，就是考驗著鄰里關係的時刻，俗話說：「遠水救不了近火，遠親不如近鄰」，長期經營鄰里之間的關係，方能在最需要的時候得到他人之援手。

我相信讀者在閱讀本書之後，將能產生動力提前預備，成為「熟年勝利組」，讓熟年期不再是令人害怕或厭惡的凋零時期，而是能將人生重新統整並享受人生的收割時期，以及散發出人生光輝的圓滿時期。

臺灣大學社會工作學系教授
楊培珊

推薦序3：面對老，才能處理老

二〇〇六年我們的部門要成立時，為了取名字而傷透腦筋，後來，現在的主任嚴崇仁醫師說，就取名為「老年醫學部」吧！「老」不等於「不好」，我們不歧視「老」，也不須避談「老」，唯有正視「老」，才能自在談防「老」。

本書的作者王乾任先生也有同樣的觀察，過去我們常對老化貼上負面的標籤，不願言老，不願正視老化，在臺灣高齡人口急速上升的現在，唯有以正面積極的態度「重新定義自己的社會存在，事先規劃熟年期生活」，才能活得老又活得好。本書正是要提醒大家，要成功老化，其實從中年就得開始準備，這樣的理念其實與我們醫師的想法十分吻合。

醫師照顧老人健康，但社會學家更能全面的規劃「養老」的相關事宜，在此，個人非常認同作者所言，熟年理財最重要的資本是健康，愈健康的高齡者，不可控制的醫療開銷愈少。健康不是說有就有的，真的要從年輕時做起，在拚事業的同時，不能忘記保健的重要，但知易行難，一天只有二十四小時，兼顧事業、家庭、健康並不容易，是我們這群五、六年級生的共同課題，而作者提到的，不要拿健康換財富，我們更是要謹記在心。

作者進一步提到，如果要脫離老後貧窮，身體健康、人際關係與財富獨立是三個重要的支柱。老人科的醫師常常強調成功老化有三大原則，其中兩大原則，遠離疾病與疾病造成的身心障礙、維持高度的身心功能也就是作者說的身體健康，而第三原則，積極的投入熟齡生活，更需要良好的人際關係與社會網絡。雖然醫師倡議的成功老化，沒有提到財富獨立的概念，不過現實生活中沒有錢萬萬不能，面對退休後的漫長生涯，足夠的養老金也是一個重要的課題。

以臺灣高齡化的速度加上經濟成長趨緩，未來高齡者老後貧窮的機率日漸上升。前兩篇許多觸目驚心的數字，加上臺灣現行社會福利的相對不足，其實對未來會有很大的恐慌，尤其是正忙碌於事業的中年，平常沒有機會想到二、三十年後要如何生活。忽然看到如此灰暗的未來，不由得感到失望甚至絕望，還好在最後一篇「老後不貧窮」中，作者提出了不少解決之道，有些是我們在中年時就可以身體力行的，也有些需要國家及整體社會的努力。

個人感到最精彩的是〈從現在起捨棄退休的想法〉及〈熟年期能創造持續性收入的方法〉這兩章。前者強調退休只是轉換人生的跑道，不是完全不事生產，需要認真的思考如何找到自己追求的人生第二春，才會活得有意義；而後者提出了許多在中年及熟年可以採取的策略，讓退休的生活溫飽有餘，更成為支持追求人生夢想的動力，相當實用，值得一讀。

近兩年來，工作上的忙碌及滿滿的行程，很少能靜下來省思一下，更很少有機會完整讀完一本書。當接到推薦序的邀請時，其實內心十分的掙扎，都已經這麼忙了，為何還要接一個額外的工作？不過當真正靜下來，排除所有事，花一個晚上把這本書看完，劍及履及，先去運動個一小時，改善身體健康，再一氣呵成地寫完這篇序，有所得，有所感，也充滿正向的能量。

唯有知道「人生中場拉警報」，才能面對它、處理它、放下它。

臺大醫院竹東分院院長、前臺大醫院老年醫學部主任
詹鼎正

自序：人生下半場即將到來，開始準備沒？

這本書能夠問世，首先要感謝的是三民書局。

《人生下半場的幸福劇本》出版一年左右，臺灣開始討論起老年貧窮問題，我也讀了不少資料，赫然發現大多都是外國的資訊，沒有關於臺灣本土的討論。於是我便寫信給編輯，聊起這個構想，我說，我們應該做一本屬於臺灣的老後貧窮專書，很快的得到了肯定的答覆，於是我便開始著手收集資料。愈讀資料愈覺得此一問題十分嚴峻，而且遠比我們熟知的日本社會還要嚴重，讓我不得不加緊腳步，希望趕快將這本書稿寫出來。

執筆的過程中發現許多讓人憂心的現象，像是臺灣對低收入戶的認定標準太過嚴苛，年金、長照與健保制度的搖搖欲墜，都不利即將進入熟年的人士的生存規劃，既有社會安全網崩垮得很嚴重，新的卻遲遲無法建立。

另外，長期承受低薪的勞工，景氣停滯造成的窮忙族、啃老族，為了照護雙親而離開職場的流沙中年，乃至原本就不受主流社會重視的外籍配偶，都是潛在的老後貧窮預備軍，牽連上千萬人的老後生活該怎麼辦？

從既有的公共政策制度仍找不到解方，投資理財也不一定能賺取優渥報酬，多數人勤勤懇懇過日子，只求安穩養老，本書就是為了這樣的朋友而寫。

熟年生活要過得好，最重要的是認知心態的重新調整，好比說放下腦中既定的退休觀念，不要想著到六十歲就不再工作，也不要覺得熟年期還要工作很可憐。能夠工作是一種福氣，不但能繼續對社會有貢獻還能夠創造持續性收入。持續性收入的有無對熟年生活的影響至關重大。過往的退休投資理財建議說穿了不就是為了創造一個不用工作但仍可以持續有現金流入的財務系統？但是那樣系統的打造需要龐大的資金作為後盾，沒有如此資金實力的人，何不乾脆讓自己維持在能夠繼續工作的身心狀態呢？

幫自己規劃一份熟年期也可以做得輕鬆愉快的工作。工作強度跟收入都可以減緩，不足的部分再以過往的財務規劃或政府年金補足，將能有效緩解熟年生活的財務壓力。此外，擁有持續性的收入和規律的肉體勞動，不但心情上較為安穩，身體也因為有在勞動而處於相對健康的狀態。

本書除了談投資理財建議，也從個人健康管理、老後社群的打造入手，希望更多朋友建立一個真正適合自己的熟年期生活方案，避開老後貧窮的不幸。

王乾任

目次

◇你所不知的老後貧窮

◇老後不貧窮

前言

快速老化的臺灣，無人奉養的熟年世代

和許多人的刻板印象不同，全世界人口高齡化速度最快的國家，不是我們熟悉的日本，而是臺灣。

一九九三年，臺灣正式進入聯合國定義的高齡化社會，六十五歲以上高齡人口突破七％。二〇一八年，高齡人口成長將超過一倍，來到十四％，邁入高齡社會（aged society）。二〇二五年的臺灣，高齡人口將達二十％，進入超高齡社會（super aged society）之外，還將趕過日本，成為全球最老的地區。而且，臺灣的人口高齡化還沒結束，預計到二〇六〇年，臺灣的高齡人口將達三十九・四％，爾後每二・五人當中就有一個高齡者。

日本的高齡人口從十％增加到二十％，花了二十四年；瑞典、丹麥、德國、瑞士、荷蘭、芬蘭等國，花了五十至八十年的時間，才從十％走到二十％。

猜猜臺灣得花幾年？
比日本少兩年，只要二十二年。

臺灣只是比日本晚一點進入高齡化社會，不代表高齡化的速度比日本慢。如果連日本這樣一個從一九七〇年代就積極為高齡化社會備戰，推出國民年金、長照計畫等老後生活照護的社會安全網的國家，都免不了捉襟見肘，很難想像未來的臺灣進入超高齡社會時，會是怎麼樣的一幅光景？

到了二〇一七年的今天，臺灣還沒有辦法完善的運作長照政策，年金計畫也被看衰，註定會破產。

面對人口結構快速轉型，臺灣的社會基礎建設若再不趕快調整，恐怕無法承受高齡人口快速成長，將承受許多衝擊，激增的老後貧窮人口恐怕就是一個必須面對的殘酷現實。

以目前臺灣最熱議的一個議題來比喻，未來的臺灣社會，就算把公車或捷運座位全都設成博愛座，也不夠高齡者使用，還得有很多高齡者站著。這些站著的高齡者未必是最不需要座位的，只是無奈分不到位置。

至於想靠提升生育率解決高齡化問題，恐怕已經來不及。臺灣已經歷了至少二十年的少子化趨勢，生育人數逐年下滑，不足以支撐人口均衡，未來臺灣的青壯年人口只會愈來愈少。

根據行政院國發會的資料顯示，臺灣青壯年人口（十五歲至六十四歲）撫養高齡人口（六十五歲以上）的比率愈來愈低，一九九〇年是十・三比一、二〇一六年是五・六比一、預估二〇四〇年會降到二比一。

二〇四〇年，臺灣第二波嬰兒潮（民國六十五年、一九七六年出生）也將邁入六十五歲大關，約莫有七百〇二・九萬人成為高齡人口。

二〇六〇年，臺灣高齡人口將衝上三十九・四％，進入超高齡社會，街上滿是高齡者，年輕人越來越少。

無庸置疑的是，臺灣社會正在走向高齡化。

而需要照顧的中高齡世代人口卻日漸增加，人手不足，導致生產力衰退和熟年生活日常照護的力不從心，將會延伸出許多社會問題。

近年來的介護殺人，子女無力照護長期臥病在床的年邁父母而殺了父母的悲劇，時有所聞，如果臺灣社會的安全網建立不起來，恐怕這類弒親悲劇未來只會日漸增加。

而如果臺灣的社會制度和人心觀念再不趕快調整，不有效引進移民來補充青壯年勞動力人口，創造經濟產值、提升稅收，不趕快改革一定會破產的年金計畫，不強化長照等老後生活照護所需的社會安全網，未來臺灣恐怕會出現大批無人照護的孤獨老人和收入無法應付開銷的貧窮老人。

最重要的是，四、五〇歲的人已經走到人生中場，自己要為自己的老後生活好好打算。

老後生活知多少

老後生活知多少

每個人都會變老

肯定沒有人喜歡變老！

變老之後，反應變慢了、記憶力變差了、口齒不清晰、病痛纏身，身體衰老退化，體能不若從前，朋友和家人還會接二連三地離我們而去。

變老讓人聯想到疾病、失能與死亡，似乎盡是讓人憂傷之事，加上看到社會對高齡者彷彿看到外星人一樣，讓許多人不自覺地恐老，對高齡者有種莫名的恐懼與害怕（從一些字彙可以看出來，例如老古板、怪老頭、老處女、老巫婆等等）。導致社會上多數人不是否定，不然就是害怕變老，把老當成禁語，把老排除在主流文化之外。

我們不自覺的把變老當成一種債務，一種對生命的毀損，一種負面傷害，一種等待去除的疾病。

我們覺得變老之後的生活很淒涼，我們看到動作緩慢、反應不及、滿臉皺紋的高齡者會不由自主的恐懼，所以抗老化產品當道，生活中多半是歌頌青春。我們總以為，把老藏起來，看不見，老化就不會發生了。

我們對變老一事感到焦慮，平日盡可能視而不見，直接忽略，或極力防範抵擋或延緩其到來。

往往正因為社會和個人心裡都排斥變老一事，才會有那麼多人對於熟年生活毫無認識且不做準備，直到熟年期降臨自己身上時，才驚覺問題接二連三而來。

高齡者的反應可能變慢，但不代表變笨了；記憶力變差，不代表不再好學；口齒不清晰，不代表腦袋不清楚……，人進入熟年期後，雖然身體機能退化了，但心智往往變得更加成熟，如果能善用年齡累積的智慧，還是可以好好處理熟年期的各種問題。

的確有些人變老之後，會變得頑固、保守、自私、吝嗇、偏執，不重視衛生習慣，不復盛年時的開朗、樂觀、富幽默感；不過也有些人變老之後，更顯得寬厚、博學、幽默、可親，反而比盛年時更加練達敦厚。

可見人年老之後，並沒有一定得如何的刻板發展模式，性格仍是隨著每個人的狀況而有所變化。

於人於己，我們都應該極力避免以貼標籤的方式看待高齡者，避免形成年齡歧視，使得人們更不願意言老，不願意正視這個多數人未來都會邂逅的生命週期。

心理學家艾瑞克森認為，熟年期的人正反情緒並存的特質，擺盪在「和諧追求生活完整性」與「不和諧的絕望心態」兩者之間，讓高齡者的心理性格顯得極度不穩定，對於「我是誰？」的自我認同與自我定位問題產生疑惑、焦慮。

因此，變老後的日子想要過得好，必須順利完成高齡化後的社會心理統合，重新定義自己的社會存在，事先規劃熟年期生活，做好身心靈的調適與準備，否則容易因為外界的事件刺激而在兩方之間擺盪。

聖經箴言書說，「白髮是榮耀的冠冕」，熟年期原是值得自豪的生命階段，卻因著現代社會高速發展與變遷，高齡者的知識往往不再派得上用場，加上高齡者學習新事物不若年輕人來得快，還有高齡人口數量激增，導致高齡者對生活感到焦慮的情況日漸普遍，若再碰上兒孫輩以變老一事頂撞或傷害之，更容易讓高齡者在情緒上受到挫折，產生自卑情結，形成負面心理性格。

人並不會在一夕之間突然變老，人不是跨過了某個年紀之後，才突然完成老化，然後被社會宣告為高齡者。變老其實是一段超級漫長的歲月，人體在跨過三十歲之後，就會加速老化。過去的人類社會，老化速度遠勝於今天，今天有許多六、七十歲的長者看起來就像四、五十歲一樣，他們多半及早且認真面對身體會發生老化的現象，以飲食或醫療的方式，盡可能保持身體健康，自然而然地延緩了老化的發生，或者說與一般人以為會跟老化連結在一起的健康問題脫鉤，讓自己維持在相對健康的狀態。

健康並非年輕人的專利，高齡者也不該只有被歸類到衰老退化的刻板印象，高齡者當然也可以是健康但卻不年輕的狀態，我們不應該侷限自己對高齡者的想像，我們應該捨棄高齡者是社會負擔或債務的想法，舊時代的概念已經不合時宜了，未來社會的高齡人口，多的是身體健康且能夠繼續工作的人。

當觀念轉變，行動就會發生變化，當愈來愈多人不覺得跨過某個年齡就是進入熟年期，就該從職場退休，就該成天在家發呆或不事生產，反而可以繼續如常的工作和生活，社會就會出現新的行為模式，推動新的社會模式誕生，人口高齡化的各種預先假設問題就能有效解決泰半（當然還需要政府積極介入引導）。

未來的社會，變老的人絕非消極等待死亡，而是還有很多事情可以做，還充滿無限可能的存在，就像電影《一路玩到掛》一樣，誰說變老之後的人不能開心自在的活？誰說變老之後就一定要符合社會上錯誤的刻板印象和角色期待，從而把自己困住無法掙脫？

高齡者沒有社會所想像的那麼脆弱不堪，或者說高齡者之所以脆弱不堪是因為社會希望他們脆弱不堪，假設有一天社會拔除了施加在高齡者身上的刻板印象，或者社會上的人不再害怕變老，能夠以健康的態度看待，我相信高齡者的能力絕對可以好好地展現，高齡者也能夠因此而受惠，擺脫被社會隔離排除的狀態。

變老或許是人類不可逆的旅程，是不可回頭的單行道，但卻不是不可治癒的絕症，而是人生經歷中的獨特風景，我們必須試著去挖掘出其中的美好之處向更多人宣揚，而非放任恐懼害怕蔓延，導致更多對高齡者的誤解偏見直接或間接地傷害了高齡者。

高齡者應該盡力避免消極、負面的心理特質擴大，掙脫情緒傷害的綑綁，以免心理影響生理。必要時求助專業醫師，不要放任負面憂傷情緒蔓延擴大，很多高齡者不敢與人討論自己恐懼老化的心情，結果反而加重了老年憂鬱的症狀。

直接面對熟年期的各種身心靈變化，鍛鍊熟年期的心理素質，擁有健康心靈的老後生活，品質才有保障。變老固然有一些令人不愉快的現象發生，卻也不是一無是處，況且我們每一個人最後都會變老，與其去歧視人生的前輩，不如好好認識這個人生階段，找出最好的應對之道。

相信懂得迎接變老人生者，肯定也能從容的面對熟年期生活的各種問題，活出生命的色彩，活得更好更健康！

得準備多少錢，才能安穩的養老？

先說結論，如果沒有做好配套規劃，如果沒有認真勾勒自己老後生活的樣貌，退休所需的花費，準備「再多也不夠」。舉例來說，沒有照顧好健康，進入熟年期大小病痛不斷，就可能為了治病而提早耗光為熟年期準備的積蓄。

或許你會說，成為億萬富豪就不用擔心了！理論上沒錯，但現實生活中能夠成為億萬富豪的畢竟是少數中的少數。絕大多數人到熟年期能有數百到一千萬的存款或財產已經是相當優渥了。

這裡想提醒的是，「準備多少錢，才能夠安穩養老？」的提問法不夠嚴謹，且因為問題定義不嚴謹，結果換算出來的數字讓人害怕，進而造成人們要不感到挫折而放棄，或錯誤理解而制訂了過分嚴苛的理財規劃！

退休花銷沒有單一標準答案，一個人的健康狀況、可否在進入熟年期時還能創造持續性收入、現在的工作收入能否持續穩定攀升、有無強韌的社會安全網輔助，乃至住在哪裡、物質欲望的強度、有無自有住宅等等變項，都會影響熟年期的現金與資產準備狀況。

更別說還有個人能力無法控制的國際局勢與社會經濟環境的動盪，也會干擾未來的物價和個人生涯規劃。

若想要規劃一套萬無一失，且一進入某個年紀就可以從此翹起二郎腿不用工作，還能想買什麼就買什麼、想出國旅行就出國旅行、想吃大餐就吃大餐的熟年生活，是不可能且不應該出現的錯誤想像（雖然不少金融機構都會在熟年規劃的理財商品的廣告中，放入這種錯誤圖像引導客戶掏錢購買自家推出的金融商品）。

誠實面對、務實規劃

奢望過分周全而不出錯的準備不切實際，完全不規劃不準備也是另外一種極端，都很不可取。比較務實的作法是，誠實的面對自己的現狀，根據現狀勾勒可預期的熟年期生活圖像，找出還缺漏的拼圖，可以補強的就盡力補強，不能補強的就想辦法降低標準或改換其他替代方針。

好比說，月入五萬元以下（全臺灣有六百五十萬勞工月入不到五萬元），且未來不太可能大幅調薪的勞動階層，就不該奢望儲蓄超過千萬元的退休養老準備金，更不該以過度節儉的方式設法完成之。

收入不高且無法向上提升的族群，更應該做的是強化社會安全網，保持身體健康，準備好該有的商業與社會保險，且考慮在退休後搬到離醫院近且物價相對便宜的地區居住。

許多人搞錯了一件事情，或許是長年被金融機構所廣告的美好退休圖像誤導，誤以為退休要能過得好首先得存款或資產多。並非如此，進入熟年期之後的物質欲望會大幅減弱，吃食數量也減少，生活需求降很低，只要身體夠健康，且能善用社會的資源如圖書館、公園、大眾運輸、勞健保等等，其實一個月花不了多少錢。

熟年理財規劃最重要的本錢是健康，愈健康的人，花在不可控制的醫療開銷上的費用愈少的人，就算沒有準備太多存款，生活也不會過得太差。

健康第一，自用住宅第二（如果買不起自用住宅，趁早找尋熟年期後願意一起群居且有自有住宅的親友也是一種選擇），第三則是商業與社會保險的準備，第四則是萬一出狀況時能夠幫得上忙的緊急聯絡人或親朋好友（數量是否充足），最後才是存款與個人資產。

釐清上述問題之後，再根據自己的狀況，審慎的算出退休後，假設每個月每個人的最低生活開銷（假設是三萬元），再扣掉固定能從保險年金獲得的收入（假設每個月一萬元），乘以平均餘命減現在的年紀（假設八十歲減六十五歲等於十五年等於一百八十個月），就能換算出退休後所需準備的總金額（三百六十萬元）。

許多人往往把熟年期生活開銷和準備金估算得太高，卻忽略其他準備的重要性，最後發生意外狀況時，才導致熟年期生活準備金不足。

舉個極端一點的例子，假設一個人什麼社會安全網都沒有，沒朋友沒親戚，也不照顧身體健康，也沒保險，光想靠自己儲蓄的財富支撐熟年期生活，恐怕至少得準備個五千萬才能勉強應付，還不見得夠。

其實熟年期生活所需要的人力，比財力更重要。準備熟年期生活不光只是得自問「需要多少錢？」更得問「需要多少人手？」、「自己可以去哪裡找幫手？」

落入老後貧窮光景的個案中，有不少雖然經濟也是捉襟見肘，但是更加深入分析後，不難發現之所以陷入經濟困局，是因為沒有被社會安全網撐住，這些貧困的高齡者多半沒有支撐自己的親友社交網，形同與親友或社會斷絕往來，因為找不到人幫忙自己，凡事都得自己來，才會顯得手上金錢的不敷使用！

當然，趁年輕時能儲蓄還是盡量儲蓄，只是千萬不要為了儲蓄而放棄了自我提升，畢竟要儲蓄足夠多的資產，最好的方法還是改善工作收入，盡早讓自己進入高薪一族，能夠賺取高額收入，每個月可以撥出來投資理財的金額足夠多，理財的複利效應才會強大。

最後，萬一工作收入不能提升，熟年期生活明顯不可能過得太富裕，甚至可能被病痛纏上時，也許不妨豁達一點，不要非得選擇積極治療的手段，好好的告別這個世界也是一種選擇。

有尊嚴地離開，並不會比獲得搶救卻落入毫無品質的貧困生活來得糟糕，搞不好還更加幸福。

至於已經進入熟年期的投資理財建議是，慎選穩健分紅的價值型投資；不要隨意將錢借貸給他人；不要投資房地產，不要奢想貸款買房當包租公；不要追逐高風險高報酬金融商品；不要輕易相信陌生人甚至是熟人提供的投資建議，避免被詐騙；不要動不動就做奢華消費。

另外，務必擁有持續性收入來源、健康身體和關係緊密的朋友群，才是最好的熟年期投資。

◆關於買房養老這回事◆

東京大學社會系教授上野千鶴子、知名趨勢大師大前研一、臺灣的投資達人黃國華等人都認為，買房子不需要太早，五十歲以後，確定了自己退休生活型態之後，再開始尋找自己退休後的落腳處就可以了。

退休後想住的地方，不一定是工作時所居住的環境。例如：近年來很多臺北人退休之後，選擇移居宜蘭或花蓮養老。日本與北歐有很多人退休之後，選擇移居物價便宜、氣候好的泰國。

五十歲之後再來考慮買房子，買退休後想住的房子，會比三十歲就湊出頭期款，扛著房貸重擔，為了房貸戰戰兢兢的過日子來得好。

三十歲時買了房子，經濟壓力太大會讓人不敢換工作，沒有餘錢投資自己，嚴重時反而耽誤了自己的專業能力提升和升遷。而且，年輕時買的房子主要適合工作與子女就學，大多沒有無障礙空間的設計，居住環境不適合退休養老。

與其到了熟年世代賣掉房子再買新的，不如把這些錢拿來投資理財或儲蓄，等到五十歲之後再來決定買房子。

投資達人黃國華認為，低利率、低租金、空屋率高，少子化、高齡化，以及臺灣的長期經濟不景氣等趨勢影響下，現今的世道，並不適合三十歲就購屋（很有錢當然例外，很有錢指可以一次付清，不需貸款），反而是五十歲以後再來買房子，將熟年生活所需的通用設計、環境清幽、離醫院近等需求全都納入考量，會是更划算的投資。

如果三十歲就買房子，別說到了五十歲要換屋已經是中古屋，房價並不一定好，還要考慮到全球不景氣時代，四十歲以後容易出現的中年裁員潮，臺灣有部分的中產階級家庭，失業後經濟立刻陷入困境，常常是因為房貸壓力過大的緣故。

有土斯有財、繳房租不如繳房貸的觀念應該彈性一點，多評估自己的狀況與世道環境，不要別人做什麼我們就非得跟著做。

人生中場是工作與育兒特別忙碌的年紀，容易因為忙碌疏忽了身體的照護，四十歲之後，各種慢性病高血壓糖尿病全都慢慢爬上身體，若不小心控管飲食、定期運動，做好健康管理，恐怕拖著一身病痛進入熟年，就算有錢有閒，也都只能定期到醫院報到，沒辦法好好享受熟年生活。

千萬不要拿健康去換取財富，否則到老，拿出賺取的所有財富也買不回健康。

總之，若希望人生下半場能夠按照自己的理想方式過，最晚在人生中場時就要行動了。

根據衛福部中央健保署統計，二〇一四年國人醫療費用支出高達五千四百九十六・八億元，平均每人每年花費二・五萬元。不過，六十五歲以上高齡人口的健保花費遠超過全國平均值，高達每人每年七・三萬元，相當於平均值的三倍。

衛福部的統計還發現，國人在五十歲之後的醫療費用支出，約莫個人一生醫療支出的五十・九二％（以平均餘命七十九・二歲計算），換算成實際金額約莫一百三十八萬元。七十歲以上的醫療總支出金額，更是上看七十萬元。

雖然健保替我們承擔了大部分的醫療支出，不過，另外有一些支出，卻是健保沒有涵蓋在內，得自己掏錢支付的。好比說看護，就算聘請外籍看護，基本薪資加健保等支出，至少一個月兩萬多元跑不掉，再加上給外籍看護的三餐伙食等其他支出，少說一個人一個月得花掉三萬元。

假設七十歲聘用看護，到平均餘命約八十歲，總計十年間，一年三十六萬元，十年就需要準備三百六十萬元。如果是失能或失智需要特別居家照顧，還有輔具的添購，金額還要更往上加，恐怕光是老後照護就需要準備五百萬元，才足夠支付各種開銷。

如果請不起專門看護，就得由親族家屬輪流照護。也許是省下看護開銷，但是親族因為輪流照護而放棄的工作收入，恐怕也難以估算。

藤田孝典在《下流老人》一書中也再三提到，老後的健康狀況，將會影響老後經濟狀況。NHK的專題報導〈老後破產〉中，提到害怕因為治療疾病而花光積蓄，因此就算生病也忍痛不肯就醫的個案山本幸。

高齡八十多歲的山本幸，每個月僅靠六萬多日圓的國民年金收入支撐，但繳完房租之後只剩下一萬日圓的生活費，連基本溫飽都很勉強。雖然心臟方面有毛病，訪視員屢次勸她前往醫院檢查，但她死拖活拖就是不肯去醫院，因為她自己也知道檢查出來的結果一定很糟糕，得住院治療、開刀，這些都得花錢，可是她沒有錢。

沒錢治病的高齡者，只好放著病痛不管，結果病情更加惡化。

原本儲蓄尚算豐裕的退休高齡者，卻因為一場突如其來的大病，為了治病，花光了積蓄，還欠了一屁股債。從原本的中產階級老人，跌落為下流老人。

◀別讓醫藥費吃掉退休金▶

為了不讓醫療費用吃掉退休金，請務必得從年輕時就做好健康管理，過了人生中場，每年得定期健康檢查，保持運動習慣，均衡飲食，維持身體健康。

不過，熟年期的身體狀況，也不盡然只靠健康管理就能夠維持，遺傳病、癌症、中風、阿茲海默症或是不可抗拒的外力，都還是可能奪走高齡人士的身體健康，成為需要人從旁照料生活起居的失能或失智狀態。

根據臺灣失智症協會統計，臺灣六十五歲以上的失智人口約莫二十三萬人，失智症的情況是年齡越長，好發情況越頻繁且嚴重，初步估計八十至八十四歲的盛行率達十三%；八十五至八十九歲達二十二%；九十歲以上高達三十六・八%。

至於需要長期照護的失能人口到底有多少？

二〇一〇年衛福部長保小組啟動一項全國性調查，發現全國五歲以上失能率為二・九八%；六十五歲以上總失能率達十四・九五%。進而推估二〇一一年全國有六十七萬人失能，二〇一六年將增至七十七萬人，二〇二一年達到八十七萬人。

因此，趁年輕就要投保商業保險，根據自己的財務狀況，預期的熟年生活方式，添購醫療、住院、癌症、意外、長照和人壽等方面的保險，做好保險規劃，萬一發生問題，至少可以不用擔心醫療與生活照護費用的支出。

為熟年期所準備的保險或儲蓄，一定要比自己預估的還要再多，某種程度上可以說，準備再多都不嫌太多。只怕不夠花，不怕花不夠。真的人生走到最後一段還有剩餘，那就把錢捐給社會上有需要的人就好。

未來的社會型態，大多是家戶人口稀少的單身社會，生病了不可能有其他人能放下手中工作和生活，長時間照顧自己。想要減少家人或自己的麻煩，要不就是把身體養好，要不就準備好可以應付各種意外的保險。

◀減少無謂的醫療開銷▶

還有一點，也許現代的臺灣社會還不是很能接受，那就是盡早簽署 DNR（do not resuscitate，放棄急救同意書），這是一種具有法律效用的文件，可以預先簽署，交給醫院，醫院會負責建檔，未來當你碰到特定狀況時，醫院可以不使用侵入性治療方法，改以和緩性的臨終或安寧治療，醫生可以直接撤除維生裝置，讓人可以不必承受許多不必要的無效治療，也減少無謂的醫療開銷。

不少臺灣家庭困於孝順等傳統觀念，明知道年邁父母已經無法恢復至一般人的健康狀況，卻害怕被人指責不孝或面子問題，總是要求醫院給予家屬過多無效的侵入性治療，加上許多醫生為了規避日後的醫療糾紛通常也會答應，造成不少醫療資源浪費之外，也徒增醫療開銷支出。根據統計，臺灣每年耗費在臨終的無效醫療支出高達三十五．八億元，是美國的五．八倍。

除了簽署DNR，也可以選擇捐出自己的器官或大體，幫助更多需要的人。

人到臨終，可以選擇有尊嚴的自然死亡，放棄無效且多餘的侵入性治療，這對自己家屬和社會都有好處。

你所不知的老後貧窮

你所不知的老後貧窮

沒有自覺才是老後貧窮的主因

日本NHK採訪老後破產的獨居老人時發現，不少人並非從年輕就一路窮到老，多數人都有不錯的工作和收入，甚至順順利利的從職場退休，存款也算豐裕，加上年金，原本可以過上安穩的退休生活，卻因為沒有預料到的一連串變故，最後讓自己落入老後破產的境地，每個月僅靠微薄的年金支應房租和生活開銷，窮到別說買新衣服，連吃頓像樣的飯菜的能力都沒有，就連生病都不敢上醫院看醫生，也負擔不起居家照顧服務的費用。

前章提到的山本幸女士，原本任職於百貨公司，在仕紳賣場擔任售貨員，收入不差，且是走在時代尖端的女性，工作之餘喜歡逛街，也買了不少漂亮的衣服，一直工作到五十七歲才退休。

然而，山本女士卻因為離職時選擇了一次請領厚生年金，金額也不大，很快的花光了之後（或者說，無法預料到自己竟然會如此長壽，從職場退休後快三十年還活在人世），就只剩下國民年金支撐其生活開銷。

像山本女士這種在職時努力為社會或企業奉獻犧牲、苦幹實幹，退休後也按照制度領了年金，卻因為過於長壽而花光了年金和積蓄卻仍然還活著，最後只能勉強靠國民年金支撐生活的人大有人在。

不知老後真實樣貌

綜觀受訪者的生命史，不難發現一個共通點，那就是幾乎沒有人預料得到自己熟年期生活的真實樣貌。

我們作為一個旁觀者，也許會在心裡覺得憤慨，這些人怎麼那麼傻和笨，怎麼沒有預先做好退休規劃？說實話，我們絕大多數人，扣除原本就極為富裕，不用擔心財富與收入者之外，都沒有做好老後生活規劃，對於自己老後所能享有的權利和生存狀態，實際瞭解程度有限。

好比說，有多少人有把握自己退休後，能從任職單位領到全額退休金？

直至二〇一六年，適用勞退舊制的民眾還有一百二十八萬人，且多受雇於中小企業，臺灣的中小企業平均壽命只有十三年，許多勞工根本待不到退休就因為公司倒閉而轉職了，換工作之後的公司年資又得重新累積。除了上市上櫃大公司或是國營企業的勞工外，多少人有把握退休時能從公司那裡領到退休金？①

特別是派遣、計時等非典型雇用的興起，又成為另外一個大問題。

沒有足夠的退休金，沒有儲蓄或投資規劃，只靠勞保年金的收入，真的能夠支應老後生活的開銷嗎？

在以前的大家族或生養眾多時代，也許還有辦法支撐，然而

備註①

1. 當雇主發生歇業、清算或宣告破產時，「積欠工資墊償基金」最高可保障勞工領回平均六個月工資的退休金。
2. 勞退新制已改為個人專戶，且年資不因轉職而中斷。

未來少子化發威後，許多夫妻只有一個孩子甚至沒有孩子時，自己的退休收入不敷使用時，又有誰能夠伸出援手？而且，這些兒孫輩將來的生活光景比我們還困苦，自顧不暇，根本無力奉養父母者，只怕會愈來愈多。

另外，我們有多少人覺得自己老了之後會罹患癌症？多少人覺得自己將來一定會失能或失智？

我們在思考熟年期生活的規劃時，有多少人能願意真正設身處地，以最審慎而不樂觀的狀態，思考並制訂退休計畫？還是天真的以為，年老的自己一定身強體健，絕對不會出狀況，就逕自以現在的狀況規劃未來？

金融產業在提醒準備退休金的規劃廣告文案或專題報導文章中，設定的理想退休生活，往往假設退休者健康又生命力旺盛，仍然有像青壯年人一樣的體能和精力，所以在規劃上描繪了許多享受生活的藍圖，卻避談老後病痛或體能衰退等現象造成的狀況，不也是一種過分樂觀預估老後生活？

另外有一部分人的問題更嚴峻，就算想做好規劃，也沒有能力實踐〈這部分留待〈臺灣的老貧預備軍〉再來談〉，因為收入光是應付眼前生活就已經捉襟見肘，根本沒有餘裕儲蓄未來。

政府也無法萬全準備

老後規劃，對人類來說還是非常嶄新的一個領域，因為人類直到二次大戰後才開始出現數量如此龐大的長壽人口存活的社會現象，不管是個人還是國家，真的都很難做出完善的規劃，大家都是摸著石頭過河，邊做邊修正。

就以鄰近的日本來說好了，從一九五〇年代起日本政府就預見未來日本會走上少子化及高齡化，因此積極的規劃社會福利政策，試圖在未來能夠好好安置退休的高齡者。日本的國民年金等社會福利政策和長照政策，規劃時程比臺灣要早很多，且規劃的周延度也遠勝臺灣。

然而，落實後經歷數次改版，卻還是承受不了戰後嬰兒潮的大量退休，至今因為日本人的平均餘命不斷升高，仍然持續檢討、改革中，且國民年金的發放和未來的財務問題，以及高齡化社會的老後醫療與生活照護，也都成為日本的重大社會問題。

如果連自以為準備周全的日本都尚且如此，就知道幾乎是毫無準備的臺灣，未來在提供國人退休與老後照護上的公共政策，根本不值得期待，靠國家不如靠自己實在。

然而，明知道國家的年金制度和長照政策不值得期待，但是，能有自覺要好好做老後規劃的人又有多少？

過度樂觀

退休所需的花費，不只是健康時的食衣住行育樂，還有生病與失能、失智之後的醫療與生活照護，乃至百年之後的喪葬問題，全部都需要花錢，也全部都需要審慎規劃。

儲蓄養老準備金、醫藥費與照護花費的部分暫且不談，就說買房這件人生大事好了，足以看出許多人都過分樂觀看待老後生活所需要的準備工作。在臺灣，買房時會考慮到房子是否具有通用設計的比例極低，且房屋的室內設計規劃全都是以青壯年期的屋主生活需求為考量，居住地點的選擇也沒有認真考慮過年老時的需求，都是為了購屋者當下的方便。

然而，這樣的購屋選擇背後的預設是，自己將來到了老後還能夠有餘力換屋或者重新裝修，所以現在不需要想太多關於以後的事情。

儲蓄老後生活費的事情也是一樣，老後生活最大的問題未必是沒錢，而是照護支援人手不足，或是身體健康狀況不足以支撐，以及能否到老都能一直幫自己創造持續性收入。

若再以此檢視青壯年人的財務規劃，便會發現，不少人對自己的熟年期生活有太過樂觀的預期，相信自己努力一輩子之後可以在退休時過上安穩的乃至奢華的生活者不少。

好比說，有多少人一退休之後馬上想跟另一半來一場超奢華的旅行，犒賞自己多年的辛勞？

如果知道一趟旅行的花費，可能是自己老後生活好幾個月的支出，自己退休後根本不會再有穩定而大筆的持續性收入進帳，只能靠老本過日子時，每年出國旅遊一兩次的「大樂退」構想，根本不切實際，甚至會害慘自己！

年輕時不夠認真愛護保養身體，導致進入熟年期病痛不斷所增加的醫療開銷，可能也有不少人天真的相信健保可以支付大部分，而忘了替自己準備充足的商業保險。

對於國民年金與退休金的期待也過分樂觀，覺得政府一定不會倒，自己繳了一輩子的錢肯定能領得到，因此不太在意老後花費儲蓄者，也大有人在。實際上，政府破產的方式跟個人不同，政府通常是通過貨幣貶值（削減購買力）的方式破產，將債務降低。臺灣的年金遲早會走上破產一途，屆時雖然還領得到年金但恐怕實質購買力將會變得非常稀薄。

雖然人口學者早在二十年前就不斷警告臺灣，即將要進入少子化與高齡化社會，趕快做好因應相關人口結構轉型的社會基礎建設，雖然明明知道臺灣的經濟狀況逐年惡化，然而實際上國人在面對老後生活的問題，以及政府的長照政策時，仍以過去青年人口、景氣雙成長的觀念，過分樂觀看待。

對真實的熟年期生活沒有自覺、輕忽了熟年期生活的各種風險、不願預先未雨綢繆，未來不但自己可能淪為下流老人，還會害慘社會上許多人也跟著淪落。

拉高層次來說，要做好熟年生活規劃之準備，最重要的倒不一定是物質財富的累積，而是真實體悟自己在熟年期必須面對的社會環境。

就算自己存夠了足以支應熟年生活的費用，各項準備都一應俱全，但我們面對的卻可能是一個殘敗破損的臺灣，這個社會未來將會有愈來愈多人落入青年貧窮、中年失業與老後貧窮，勞、健保等年金破產，實質購買力崩跌、景氣惡化、醫療崩壞等現象將會接踵而來，我們的熟年期勢必得跟各種社會制度崩潰的生活環境搏鬥，例如因為全民健保被過度剝削而破產，生病再也找不到醫生，自己的兒孫變成啃老族等等。

就算我們個人不破產，親人、鄰人與國家恐怕也已經在破產的邊緣了。這些就是等著我們的現實，我們又有多少人做好了面對並解決問題的準備？

根據行政院主計總處的二〇一五年〈家庭收支調查報告〉統計，家戶所得最低的二十%約一百六十七萬戶中，經濟戶長為六十五歲以上高齡者，占了八十八萬戶。

這個層級的年平均可支配所得不到三十萬元，但是基本消費支出每年卻需要將近三十二萬元，可以說每年負債兩萬元，近百萬家戶的高齡者入不敷出的慘狀已然是事實。

若以二〇二五年臺灣將有二十%人口成為高齡人口估算，也就是說，全臺灣將有約四百六十萬人超過六十五歲，而其中有兩百零五萬人，相當於九%的臺灣人口數，落入收入級距最底層，入不敷出。如果房屋自有，且不發生意外或需要聘用長期照護人力的狀況下，現在也許還能勉強支撐，但是二十年後的未來，情況恐怕堪慮。

可預見未來的臺灣，景氣不可能在短時間內翻轉向上，國人的可支配所得能夠持平已經很不錯，但物價卻會持續攀升，可支配所得屈居底層的高齡人士的生活想必不太可能過得舒適，顯示老後貧窮的問題相當嚴峻，不容小覷。

誰說貧窮就符合低收入戶資格

某種程度上來說，臺灣政府並不承認窮人或貧窮的存在。因為在正式的法律規範中，國家僅以「低收入戶」稱呼這些人。

《社會救助法》第四條定義了低收入戶的資格，「符合家庭總收入平均分配全家人口，每個人每個月在最低生活費②以下，且家庭財產未超過中央、直轄市主管機關公告之當年度一定金額者。」

第十條規定，符合低收入戶資格的國民，可以「向戶籍所在

備註②

又稱為貧窮線，以各地區最近一年平均每人可支配所得（消費支出＋儲蓄）中位數的60%為基準。

地直轄市縣（市）主管機構申請生活扶助」。每個月可以請領到一筆生活扶助費，另外還能享有醫療與教育等費用的減免或補助，以維持基本的生活水準。

然而，經過官方認定的低收入戶，僅僅只有全國總人口數的一．五％，堪稱全世界最低，鄰近國家日本與韓國的貧窮人口數，是臺灣的十倍以上，就連香港也有十四％，可說完全與現實狀況脫節。

臺灣的老後貧窮問題，之所以還沒有爆出來，應該和目前仍是多數青壯年人口扶養高齡人口的人口結構有關，一九六一年，臺灣每二十．七個青壯年人口扶養一個高齡人口；一九九一年，每十．三個青壯年人口扶養一個高齡人口；二〇一六年，每五．六個青壯年人口扶養一個高齡人口。

眼下臺灣的青壯年人口以少生育或不生育的方式降低扶幼負擔，將資源挪來照顧高齡世代，勉強還可以支撐。

等到未來高齡化、少子化持續發威，扶老比③不斷下探，可以扶養高齡人口的青壯年人口不斷減少時（二〇四一年，臺灣每兩個青壯年人口扶養一個高齡人口；二〇六一年，每一．三個青壯年人口扶養一個高齡人口），才會整個爆炸開來。

也就是說，**在臺灣，貧窮老人未必能夠取得低收入戶資格，以至於連被國家認定為需要幫助的機會都沒有**，別說擺脫老後貧窮的困境，就連緩解都有困難！

為什麼會發生這樣的事情？這樣的現象，對於老後貧窮又有什麼影響？

◆低收入戶的重重考驗◆

洪伯勳在《製造低收入戶》一書中，指出了為什麼臺灣的窮人未必能被國家認定為低收入戶的原因。

原因出在政府審查低收入戶的方式。

備註③

扶老比 = 高齡人口 ÷ 青壯年人口 × 100%

扶養比 =(幼年人口 + 高齡人口) ÷ 青壯年人口 × 100%

政府擔心只審查收入是否達最低生活費的門檻不夠客觀，還將動產與不動產納入審查標準之中來考核，申請人必須同時符合收入、動產與不動產的標準，才能拿到低收入戶的資格。

加上臺灣的政府是以戶籍登記中的「家戶總人口」而非「家戶中的個人」作為審核基準，讓申請低收入戶資格變得更加困難。

舉例來說，有一老伯年滿六十四歲，沒有其他收入、動產和不動產，五十歲後就被公司資遣開除，此後再也找不到正職工作，只能四處打零工，賺取勉強可以溫飽的收入。

老伯的妻子剛滿六十歲，老伯的兒子三十五歲，不過早已離家，沒有往來。老伯的母親平常住在老伯的妹妹家，因為妹妹的經濟狀況比自己好，能夠照顧老母親。

六十五歲那年，老伯生了一場大病，雖然痊癒了，但體力大不如前，連打零工的力氣都沒有，只能去撿資源回收，可是收入實在微薄，只好去申請低收入戶資格，期待向政府申請援助。

然而，明明他跟妻子兩人沒有不動產跟動產，收入真的很少，但卻申請不過。

原來是他的兒子有在工作，而且收入不錯，臺灣的法律預設，家戶中的親族有彼此扶養的義務，無論實際上有無同住或往來，其收入都必須納入老伯的家庭人口中計算，作為平均收入與財產的分子。

而且，更荒謬的是，即便老伯的兒子沒有在工作，實際薪資是零，在計算家戶總收入時也要以虛擬薪資計算，「凡十六歲以上未滿六十五歲且有工作能力者」，都按基本工資核算其薪資。

所以，不但老伯的兒子的收入要計入，老伯的配偶也要計算一個虛擬薪資。

至於財產方面，分動產（現金款、本金、有價證券、投資、汽車等加總）與不動產，動產每人不得超過七．五萬元，至於不動產則是全家合計不能超過三百五十萬元。

老伯的兒子因為工作收入不錯，動產有一百萬，雖然沒有不動產，老伯根本無法申請低收入戶資格。

為什麼我會說，根據臺灣現行的低收入戶認定辦法，對老後貧窮者非常不利？

關鍵就在於法律預設了家戶中的親屬有「互負扶養之義務」，以及審核資格的標準以家戶總人口數而非家戶中的個人為基準。

這樣的法律預設，太過「道德應然論」，沒有考慮到現實生活的複雜情況。像老伯的情況，雖然他有兒子且工作收入和財產不算少，但早已拋棄父母，實質上對父母生活之照顧或改善並無幫助，卻因為其存在而阻撓了老伯申請低收入戶資格。

類似這種戶籍上存在但早已互不往來的情況，所在多有，造成明明是需要國家幫助的人卻申請不到低收入戶資格。

另外，也有一種狀況是，子女收入雖然不差，但也有自己的家庭跟小孩要養，根本沒有餘力奉養父母，卻因為跟年邁的父母同屬一個家戶，收入被納入低收入戶的資格審核中，導致父母申請不到低收入戶資格。

不僅如此，就算老伯沒有孩子，且順利申請到低收入戶資格，這個資格有效期限只有一年，隔年一月一日起，自動消失，得再次申請且審核過關才再度取得資格。

或許你會說，那就再申請就好，但對於身陷貧困生活的高齡者來說，每年一次的文書作業是非常麻煩而痛苦的事情，而且極有可能因為資料繳交不齊全而被退件，得在文書作業組成的科層官僚中不斷來回補件，接受審核，非常折磨人的心神。

◀窮得只剩一間房▶

低收入戶資格認定，對老後貧窮者不利之處，還有一點，那就是不動產的估值會影響低收入戶資格的認定。

我們都知道，早年臺灣人信奉有土斯有財的觀念，加上早年的房地產價格不算高，因此有不少人都是省吃儉用也得買下一棟屬於自己的房產，這也是為什麼臺灣自有房產比例高達八十四%。

然而，絕大多數人攢下的錢，只夠買下一間房子，甚至為了買房子而沒能趁年輕多賺錢，累積財富，可以說全身上下最值錢的就是那間房子，再無多餘存款或動產。

進入熟年期，退休離開職場之後，持續性收入中斷，存款也漸漸花光，卻也找不到工作可以創造持續性收入，必須向政府申請低收入戶資格時，手上那棟房產就成了阻礙低收入戶資格認定的麻煩東西。

就算順利賣掉了，動產增加，也沒辦法申請低收入戶資格。只有一棟房子，沒有動產或其他存款，杯水車薪的年金也不可期待，成了許多存款已經花光的長壽老人的囚徒困境。

雖然說，有鑑於高齡化趨勢，政府強制啟動了「以房養老」政策。「以房養老」是讓高齡者得以手上的房產向銀行進行逆向貸款，將房子押給銀行，每個月可以獲得一筆生活費，等到百年之後，則將房子交給銀行。貌似立意良善的養老政策，遺憾的是，願意申請的人不多，願意承辦的銀行雖有因政策要求而增加，但能夠成功申請核准的案件數仍不理想。

面對高齡化與少子化的未來，如果你也屬於有子女但將來不會、不能或無力在身旁照顧年老的雙親，或是根本沒有子女，不會有下一代照顧自己老後生活，但卻有房產的狀況，**建議在退休之前就趕緊將房產處分掉，將所得資產投入老人之家的入住花用。**

雖然現在仍然有很多人抗拒入住老人之家，希望子孫孝順，留在自己的家安度餘生。不過，那畢竟是理想狀況，如果自己的狀況辦不到，應該調整觀念，盡早變賣不動產或其他進入熟年期後用不到的資產，盡早替自己安排好老後生活居住的環境。

如果是真的很窮就算了，明明有資產只是無法變現，被不願或不能變賣的房子卡死了自己的熟年生活，不是很可惜嗎？

失去連結比沒錢更可怕

戰後嬰兒潮開始退休，不少人都認為，熟年市場是未來的一大商機，高齡者被當成一塊肥肉，擁有驚人財富。

然而，現實狀況真是如此嗎？

高齡者真的都很有錢嗎？

《下流老人》的作者藤田孝典發現，情況恐怕不如外界所想像的樂觀。

單從平均值來看，熟年世代貌似擁有驚人財富。但是，財富其實掌握在少數人身上，並不是每一個高齡者都很有錢。

窮的也不少。

根據日本內閣府〈平成二十二年度男女共同參與白皮書〉，日本六十五歲以上人口的相對貧窮率④為二十二%，只有高齡男性的

備註④

相對貧窮指的是與當事人所屬的國家之多數人相比屬於貧窮狀態。相對貧窮率指的是家庭總收入平均分配全家人口，每人每月在可支配所得中位數 50% 以下之人口比率。

家庭則為三十八・三%，只有高齡女性的家庭更是高達五十二・三%，就是說單身高齡者的相對貧窮率非常高，男性將近四成，女性則是超過半數，顯然與一般人的印象不符。

老後貧窮問題，不能單從其收入或資產的狀況來評估。

舉例來說，一個沒有持續性收入，卻擁有三百萬元存款，每個月得支出兩萬五千元的六十五歲高齡者，跟一個月入三萬，每個月同樣得支出兩萬五千元，而存款只有十萬元的三十歲年輕人相比，單就資產來說，高齡者比年輕人多很多。

但是，年輕人有持續性的收入，而且，收入可能隨著時間而成長，每個月還能儲蓄五千元。然而，高齡者卻沒有持續性收入，只有不斷支出。

假設兩者條件不變，十年後，年輕人到四十歲時，資產成長從十萬元增加到七十萬元，高齡者的存款卻已經花光了。

也就是說，年輕人固然窮，因為還能靠健壯的身體或本身的知識，換取持續性收入，只要不發生意外，貧窮的問題可以靠著增加持續性收入，或投資理財的方式來解決。而且，青壯年人因為能夠工作賺取持續性收入，相對上來說，比高齡者更能承受得起投資理財的風險，較可能因為投資理財計畫得當而改善經濟狀況。

退休的高齡者則不然，已經失去了持續性收入，身上只剩下存款，如果花用方式分配不當，極有可能落入錢花光了，人還活著的光景。也就是說，在某個時間點上，高齡者可能突然變成窮人。

或有鑑於此，藤田孝典在定義「下流老人」（老後貧窮）時，把社會關係的有無、社會連結感的斷裂與否，也納入其中。藤田孝典認為，淪為貧窮的下流老人有三大主要因素：

- 老後破產（經濟資本）：收入極低或沒有收入，存款極少或根本沒有存款。
- 疾病纏身（健康資本）：因為生病而花光原本用來度過熟年期的積蓄。
- 孤立無援（社會資本）：沒有其他人可以依賴的狀態。

比起沒錢，失去社會連帶關係更容易讓高齡者落入貧窮光景。一個人就算沒了收入和存款，只要有手足親朋好友或家人，願意照顧或提供金錢，或是政府提供足夠生活照護機制，即便自己沒有足夠的財富或持續性收入，也不用擔心落入老後貧窮。

某種程度上來說，有無可以援助自己的社會關係，自己與社會的連帶是否存續，才是決定高齡者是否會落入老後貧窮的關鍵。社會資本越雄厚，有充足人手或資源，可以支援自己老後生活的人，遭逢變故也不至於像坐溜滑梯一樣滑落谷底，淪為貧窮的下流老人。

反觀，與朋友、家人或同事斷了關係、失去聯絡，也得不到政府支援的孤單高齡者，縱然手邊有點錢財，但是生活起居沒有人手可以協助，得支付高額費用才能從市場聘用人力協助時，都是落入老後貧窮的嚴重警訊，因為不知道何時會將積蓄花光。

這恐怕也是為什麼單身高齡者的相對貧窮率，會大幅飆升的緣故。因為服務得花錢從市場上購買，獨自一人生活開銷比有群體互相支援的高齡者高。

所以說，人老了可以沒工作、沒收入、沒存款，但絕對不能沒家人、沒朋友。

貧窮不只是沒錢，更可怕的是不被需要

提起貧窮，不少人會直覺聯想到「缺錢」。至於窮人，則是「沒錢的人」，或者說，收入不足以溫飽、支付生活所需的人。

然而，貧窮只是沒錢嗎？

《窮人》的作者威廉・福爾曼認為，關於貧窮，應該還有更多面向的呈現方式。

假設窮人之所以窮，真的只是因為沒錢，那麼給予足夠的金錢，是否就能脫貧了？

我們都知道問題沒有那麼簡單！假使真的一口氣給了窮人過多於他所需要的金錢，未必能夠幫助他擺脫貧窮狀態，可能不懂理財或是被人詐騙，不久又花光了手上的錢，重回窮人狀態。

除了客觀的拿收入或資產多寡在某個標準上畫一條線，說超過這條線的人不窮而沒有超過這條線的人屬於貧窮之外，還有什麼方式可以判斷貧窮與否？

窮人處在社會邊緣

福爾曼發現，窮人是隱形的、被主流社會排除在外、視而不見的，連帶社會把一些不想看見的骯髒工作也丟給窮人去做。好比說，過去的父權社會將女性藏在家裡，不讓女性出門，把女性當成隱形人，這樣的女性的生存狀態毋寧是貧窮的。

貧窮等於隱形，因為隱形人不可能獲得社會關心，無人關心的群體便是和社會脫節，如果出了狀況，較難有人願意出手援助，也就不容易擺脫貧困狀態。

再好比說街友，曾經有人做過實驗，在路上有兩個人跌倒受傷，一個穿著體面另外一個貌似街友，前者獲得援助的機會遠大於後者，因為人們傾向將街友當成隱形的、不存在的。

當一個人落入貧困階級，很容易就被社會忽略，自動消失在社會大眾的目光之外，只因為窮人落在不被社會關心的那一側，就此失去能見度，淪為隱形人。

這些被社會視為隱形的人，如果試圖闖進日常生活空間，馬上會被排除。臺灣也曾有民意代表提議對街友群聚之處潑水驅趕，不就是不滿意這些被社會排除而當作不存在的人進入主流社會使用的生活空間？

隱形是一種隔離制度，隱形造成窮人的資源匱乏，導致窮人理解世界的能力欠缺，也導致窮人不具備足夠解決問題的資源，讓窮人淪為無法翻身的最底層。

高齡者也處在社會邊緣

想想看，自己平日還對那些人視而不見？

高齡者是否常常被視而不見？我們在日常生活中，是否預設了一套排除高齡者的規則？例如年紀到了就得從職場退休，不該出現在職場？例如某些年輕人去的地方，如果剛好有高齡者出現時，會否讓人覺得詭異不舒服？

再想想看這些人的生活光景，也許大多都是處於真實且無法擺脫的貧困狀態中！

窮人是畸形的，未必是身體出現殘缺或內心有缺陷的畸形，而是被主流社會厭惡，因而被視為不正常的存在。畸形是隱形的變形，因為畸形非屬常態，不是常態就可以排除，就算人們看見了，也因為其畸形而刻意假裝沒看見。

當被社會隱形的人試圖將自己的存在呈現出來，社會就會將其打為畸形，從而排除之。

在所有的畸形中，臭味是最具體的展現模式，例如老人臭，雖說後來有科學家找出了科學根據，可是當我們直覺從某些年長者身上聞到某些令自己不舒服的味道時，內心對高齡者所產生的下意識厭惡感，是否將高齡者視為畸形？

窮人是不被欲求、不被需要、不被依賴的，社會告訴窮人我們不需要你們，窮人不被人渴望或追求，反被離棄和捨下。

然而實際上，社會運轉需要窮人，我們需要一些人去承擔較低收入的工作，我們將這些人拋入困苦的貧乏之中，卻又宣稱自己不需要這些人，著實十分矛盾！

人們也往往將高齡者視為不被欲求的對象，特別是在情感、性愛和傳宗接代層面，我們將高齡者當成無性、無愛、無法繁殖，也因此不需要不被欲求的存在，再將高齡者排除在欲求之外，進而排除在社會生活之外。

也許你會說，高齡者可以協助照顧年幼的孫子孫女，但那不是情感上的欲求，而只是功能性的欲求，一種替代人手的概念，因為高齡者不需要付費，且自己負擔不起聘用專業照護者。如果可以選擇，許多人應該不會願意讓家中長輩照顧孫姪輩。你說，這樣的存在是被欲求的嗎？

不被社會欲求的狀態日久，當事人會產生極深的挫折感和自我憎恨，覺得自己沒有存在價值，也會漸漸把自己邊緣化，排除在社會生活之外，讓自己與其他社會連帶的關係斷絕，讓自己沒有依賴，反正也沒有人想依賴。雖然貧窮者非常需要依賴他人的支持才能生活，卻被迫與依賴者斷絕關係。

窮人容易發生意外，因為窮人沒有足夠的社會積蓄支撐其生活所需的人力或認知能力，常常因為工作過勞疲累、精神恍惚，而讓自己暴露在容易發生意外的狀況。

為什麼很多孝子清晨工作回家，卻被酒駕司機撞死？不正是因為這些人需要出沒在深夜時段去做沒人想做的工作，讓自己暴露在容易遭致意外危險的狀況？

日常生活的各種設置也常不利高齡者使用，例如十字路口的交通號誌所允許的通行時間，顯然沒把行動不便的身障人士或行動較為緩慢的高齡者納入考量，大眾運輸系統更是高齡者無奈下的選擇，畢竟這些運輸工具對高齡者來說都不算友善，無論是上下車還是搭乘時的舒適度。

欠缺通用設計概念的住宅環境，更是造成高齡者發生意外的場所，臺灣許多家庭的居家環境都是權變性的因陋就簡，往往沒有考量到高齡者的日常生活需要，好比說就連高齡者最容易跌倒受傷的浴室，有防滑或無障礙設備的恐怕還不是太多，這將成為邁入高齡化社會後的臺灣，大量出現因意外事故受傷而落入貧窮的高齡者的危機。

當日常生活的設定不利高齡者，無形中也就是將高齡者拋入容易出意外的狀況。而意外事故是導致貧窮的關鍵，無論是年輕時的工傷導致無法工作的經濟衰退，還是年長之後因為意外事故、跌倒受傷或生病而花光積蓄治病。當生活中充滿對高齡者不利的因子，因意外事故而落入老後貧窮也就成了無可奈何的悲劇。

如果說，容易出意外的頻率是衡量一個人是否落入貧困的指標，那麼臺灣社會的日常生活空間絕對是容易讓高齡者發生意外的狀況，高齡者絕對是容易落入貧困的高危險族群。

窮人總是活在無盡的痛苦深淵之中，因為不知道自己何時才能擺脫貧窮的傷害，因為貧窮的日子過起來格外勞碌，讓人無法好好喘息。

長久落入貧窮狀態後，會日漸對自己或社會的存在感到麻木，不會特別想珍惜自己的生命，也不會特別對什麼事情有感受。

貧窮的人容易早衰、容易老，貧困族群的提早老化現象，恐怕和長年處於貧困的絕望感有關。因為貧困者發生病痛無力處置，放任惡化的結果，就是身體狀況變差，衰老也就成了必然提早到來之事。

總而言之，落入上述貧窮狀況的人，久而久之便與社會全面疏離、異化，變得麻木，成為被社會或體制制約的客體，主體性蕩然無存，無法像富裕階級那樣輕鬆地取得擴張經驗的機會，無法累積生存所需的知識和資源，窮人失去了進步的機會，也沒有學習面對變化環境的應對方法，雖然國家的法律仍然保障其基本人權，但現實生活的殘酷卻早已剝奪其生存權，淪為非人的存在。

◀金錢絕非貧窮的唯一標準▶

與其將金錢收入當成判斷一個人是否貧窮的標準，不如更全面的檢視一個人的社會生存狀態，也就是上述提到是否落入隱形、畸形、不被欲求、容易出意外、痛苦、麻木、疏離等狀態，以此作為判斷是否落入貧窮的標準。

唯有更全面的從社會生活檢視貧窮狀態，才可能在導入扶貧政策或社會協助時，更有效的解決貧窮問題。

不單單面對一般貧窮狀況是如此，想要解決老後貧窮的問題，更是不能忽略高齡人口在社會的生存狀態。如果高齡者被主流社會忽略、被歧視、失去社會角色、與社會脫節……。

如果一個社會的高齡人口普遍面對上述問題，那麼我們可以說，這個社會的高齡人口基本上都是貧窮的，無論個別高齡人口的經濟實力如何。

在以上述定義反觀臺灣，逐一檢視之後，我們不難發現，落入此定義中的高齡人口恐怕不少。

臺灣社會若希望有效解決老後貧窮的問題，只怕不能光從經濟層面著墨，得在支援高齡人口日常生活的系統建構上，更多的排除上述定義的不利因子，讓高齡人口可以悠遊自在的生活。

臺灣的老貧預備軍 I

養不起未來的貧窮青年

關於老後貧窮，可能不少人誤以為那是進入熟年期之後才會遇到的事情。實際上，如果是接下來三章所提及的群體，進入熟年期後，淪為老後貧窮的機率很高，算是老後貧窮高危險群，如果可以，請務必提早做準備。

這三章的內容，是希望提醒臺灣社會正視老後貧窮的嚴重性，有很多人是老後貧窮的預備軍而不自知。

青年低薪化、非典型就業成為常態

主計總處公布二〇一五年所得收入者共一千四百四十五・二一萬人，年所得收入平均六十三・〇九萬元。

若按年齡層分析，未滿三十歲所得收入者一百六十三・三萬人，平均年所得四十四・〇八萬元，不如一九九九年的四十四・三八萬元，所得倒退十七年。三十至三十四歲所得收入者一百四十三・二萬人，平均年所得五十九・一萬元，不如一九九七年的六十・二四萬元，所得倒退十九年。

這些青貧族，沒有意外的話，就是未來的老後貧窮預備軍。

近年來臺灣的就業環境惡化，所得成長停滯甚至倒退回十九年前的水準、低薪（月薪不到三萬元的勞動人口，長年維持在三百五十萬人上下）、過勞、非法責任制橫行，政府以大量的約聘雇人力取代正職（因為財政無力負擔軍公教的龐大人事成本，特別是利率高達十八％的優惠存款與退休俸）、派遣等非典型就業狀況愈來愈普遍。

大學畢業的社會新鮮人，起薪只有兩萬二，早已是亞洲四小龍中最低不說，找不到穩定工作的機率愈來愈高，工作貧窮⑤的情況愈來愈嚴重。

雖然很多人力專家勸勉年輕人「先求有、再求好」，但是，真實情況是，像過往父執輩那樣從學校畢業進入社會，到處是工作的黃金時代早已過去。今天的青年世代，工資無法隨著年資而成長，能找到的多半是沒有保障的非典型工作，想要拿到一個由公司支付勞健保與退休金的正職工作愈來愈難，社會上愈來愈多尼特族、飛特族，收入不足以應付自己開銷的貧窮青年，在職場上遭受挫敗無力往上爬時，只好回家當啃老族。

備註⑤

working poor，指努力工作卻養不活自己。

青年債務日漸沉重

青年世代如果單純只是面臨低薪問題，那麼只需要一邊縮衣節食，一邊增強個人專業能力，也許還有機會突破現狀，再不然也可以考慮自行創業。

遺憾的是，臺灣的青年世代必須面對的不光只是低薪與非典型就業而已，還有極為恐怖的債務問題。

先說個人債務。

由於臺灣廣開高等教育之門，雖然使得每一個想念大學的年輕人都能有機會上大學，卻也因此稀釋了來自國家的教育補助經費，大學能分到的經費變少，學校將成本轉嫁給學生，學雜費愈來愈高。

又因為廣開大學之門，人人是大學生，大學文憑貶值，為了提高競爭力，愈來愈多人選擇拿碩士文憑。文憑成了社會競爭的防衛性投資，不拿不行，要拿卻得支付高額的費用。

根據教育部統計，目前每學期申請學貸的學生人數高達八十萬人次，若從上高中一直貸到研究所畢業，等於這些人一出社會就成了「負翁」，身上揹了幾十萬元的貸款。

更殘酷的是，以臺灣現今的大學入學生的社經階級狀況來看，學費較低資源較多的國立大學多是高社經地位家庭的子女就讀，學費較貴而資源較少的私立學校則多由收入一般或中下階層家庭的子女就讀。青年世代投資於教育上的費用不但不能幫助自己翻身，階級狀況反而透過教育資源的分配世襲化。

就算順利還完學貸，還有房貸、車貸、結婚基金、子女教養基金、退休金等著青年世代支付……

上述還只是個人債務，國家債務更是慘兮兮。根據財政部國庫署公布的統計數字，截至二〇一七年四月，臺灣的國債總金額約五．六兆元，每人平均得承擔約二十四萬元的國債。但實際上，高齡世代在國家破產以前就會離開人世，青年世代承擔的國債金額將比統計平均數還來得高。

以軍公教十八％優惠存款來說，臺灣銀行每年要補貼八百億元的利息，主計總處更承認勞退基金將撐不到二十年就會因為戰後嬰兒潮的大量提領而破產，健保的巨大虧損目前看來也只能由數年調漲一次健保費的方式來填補黑洞，但是，沒有人知道健保在少子化與高齡化後會否因為繳納健保費的人口減少而破產。好比說臺北市，年滿七十歲以上的市民可獲健保費補助，這些錢誰來買單，當然是負責賺錢的青年世代。

年紀越大越能分得國家稅收的好處，而年輕人只能負責承擔債務。我們現在所繳交的勞健保等年金，都被我們的父母那一代使用光了。

臺灣的受薪階級承擔了國家總稅負七十三％，稅金都是勞動人口繳納，資本利得以及企業所占的部分相當低。說穿了就是，國家的債務要由普通老百姓來償還，特別是將來還在工作的青年世代。

◀單身不婚、不生育，家庭與社會安全網崩解▶

低薪與非典型就業狀況在青年世代逐漸蔓延開來，因為經濟狀況選擇晚婚、不婚或不生育的青年人口愈來愈多。根據內政部的統計資料，二〇一一年臺灣的生育率下滑到〇．八九五，全世界最低，全年出生人口僅十六．八萬人。人口淨平衡需要的出生率是二．一，臺灣根本追不上。未來臺灣常態出生人口約莫十四．四萬人，此一新生兒人口數量根本不足以應付當前社會運作，未來將會有很多領域的工作萎縮或找不到人。

不婚，就是選擇單身過日子。個別人的單身原本不是問題，但是當整個社會有很大一票人選擇單身時，代表家庭的組成方式改變了。若再考慮到今天的少子化，只生一個小孩的家庭愈來愈多，也就是說，未來臺灣將出現完全沒有親戚的一人家庭。

家庭在過去扮演社會安全網，照顧在社會上受傷或失敗的家庭成員，如今，小家庭的崛起已經弱化了傳統的社會安全網（所以政府推出了各種社會福利政策來補強傳統社會安全網的破敗）。但是，當不婚的情況愈來愈普遍，社會安全網將徹底瓦解，尤其嚴重的是，當國家因為債務問題而無力繼續支撐社會安全網時，人民很可能在社會上跌倒後就像溜滑梯一樣滑到社會底層，再也無法翻身。

青年世代崩潰中

《搶救35歲》一書明白宣告，未來的經濟發展不可能「有感復甦」，因為我們的政府早已向財團靠攏，加上新自由主義式的全球化競爭，企業紛紛出走，穩定的白領工作大量流失將成為常態，勞動所得難以大幅成長，薪資停滯卻得揹負日漸增加的債務成為必然的趨勢。

山田昌弘說，「當社會對年輕人越是冷酷無情，父母對子女越是溺愛。」某種程度上來說，啃老族、繭居族、尼特族、飛特族之所以大量孳生，關鍵並非年輕人不努力或父母溺愛，而是社會對年輕人太過殘酷，原本試圖進入社會獨立生活的青年世代集體潰敗，最後只好逃回原生家庭（加上父母的社經地位普遍比子女高，保護無法在殘酷競爭社會勝出的子女並不困難）。

◀今日的青貧，就是明日的老貧▶

當青年世代因為非典型就業成為常態而無法穩定工作，無法成家立業，無法生養子女，放棄退休，一輩子賣命工作，還未必能償還得了根本不是自己花掉的債務。

放眼望去看不到未來希望的貧窮青年，有多少未來將淪落到老後貧窮的光景，讓人憂心。

臺灣的老貧預備軍 II

再就業困難的中年失業人士

我大四那年，在法院擔任書記官的父親，決定請辭，是年五十一歲。

理由暫且擱下不表，總而言之，從法院離職之後，父親不曾再就業，至今將近二十年。

不就業的原因很多，但其中有一點很關鍵，無法找到適合年齡、資歷的職業，薪資還是其次考慮條件。

自願離職，自然沒有月退俸可以領，離開職場之後，就是吃老本，所幸還有親族相助，而我在幾年之後，工作終於穩定，每年也可以幫家裡分擔一些花費，才總算平安的撐了過來。

雖說父親脫離職場，是基於他的個人選擇，不過同一時期的臺灣，也告別了戰後低失業率的黃金時代。一九九六年以後，臺灣的失業率逐年攀升，二〇〇〇年更來到五・一七%，與一九八六年以前的二%以下，不可同日而語。

一九九六年是臺灣戰後首波大失業潮，失業人口結構不再像過去主要集中在剛畢業找第一份工作的年輕人或中年再就業婦女，而是非初次尋職人士，且多因工廠倒閉、歇業才被迫失業的非自願性失業人口（想工作但找不到工作）。非自願性失業人口從一九九五年的十七・六%一路攀升，到SARS爆發時的二〇〇三年已經來到四十九・三%，影響非常巨大。

一九九〇年代後期出現的失業問題，和臺商西進、網路泡沫化及亞洲金融風暴脫離不了關係，也因此失業者不光是藍領技術工人，中高階白領也所在多有，影響範圍很廣。

此波失業潮的再就業難度，也遠勝過往。好比說一九九四年時，失業人口平均失業期間是十五・六八週，到了二〇〇三年則多出一倍，來到三十・一週。

臺灣的中年失業率則從一九九六年的〇・九八％持續攀升到二〇〇二年的二・六九％，可以說中年人口在這段時間內失業的狀況相當迅速而驚人，而中年人口勞動參與率從一九九六年的三十五・四八％一路下滑到二〇〇二年的三十三・四七％，幾組統計數字交叉比較下來，某種程度可以解讀為中年人口在這波大失業潮後，無法再返回職場。

為什麼要特別指出將近二十年前的首波失業潮？

主要原因在於，那是臺灣經濟處於轉型關鍵時期造成的失業狂潮，也就是說，遭逢失業問題的勞工多半是非自願性失業，並非短期的摩擦性失業，而是落入長期的結構性失業。就算日後能夠順利找到工作，收入也大多遠不如過往，且年資得重頭計算。

雖然當年政府也推出了不少就業補助和就業輔導，卻是成效不彰。因為，此波失業潮之後臺灣就迎來了長期經濟不景氣，景氣衰退，產業西進與空洞化，產業升級轉型失敗，勞工薪資所得停滯等問題，至今仍然無解。

此波失業潮下的失業人口，若是三十歲以下，可能還能夠重新選擇職涯跑道，重新挑戰，但如果失業的是中年人士，可能有許多人會跟我父親一樣，再也找不到合適的工作。

畢竟，結構性失業意味著，失業者的工作技能已經失去了市場價值，沒有雇主願意出跟過去一樣的薪資水準聘用，甚至就連打折都找不到人聘用。

如果轉職，中年人士恐怕只能找低薪的勞力工作，偏偏他們的體能與精力逐年衰退，加上那段時期的中年就業人口多半從事重勞動的製造業工作，屬於體力活的基層勞工居絕大多數（占總中年勞動人口的四十六％），這些中年勞工失業後，就算能找到工作，恐怕也難以長久，薪水也不可能太高。而且，那還是順利找到工作的情況，因為這群人原本就是產業結構轉型下的結構性失業人口，淪為想找工作而找不到或未找工作的「隱藏性勞動力」、「喪志工人」，轉職或再就職都很困難。

臺灣的就業市場，向來以青壯年人口為主要招聘對象，年過三十五歲之後若遭遇非自願性離職，往往很難找到跟上一份工作一樣薪資或工作條件基準的職缺。

這也是中年轉職與中年失業者最感到焦慮不安的地方，因為年齡向來是臺灣的企業主聘用人力的主要考量，年紀越大的失業者越難找到工作，更別說好工作。

中年失業的問題還不只找不到工作，這些人往往身上還揹著房貸與子女教養花費，壓得許多人喘不過氣來，若再加上父母奉養或老後照顧，經濟壓力就更加沉重了。

有媒體便以上有高堂、下有兒女的中年世代為依據，推出了

〈流沙中年〉專題報導，點出了即便原本收入還算可以養家活口的中年世代，卻因為照護高齡父母而陷入貧困的現象，以及那些面臨中年失業後再也找不到可以跟之前職業相同收入水準的工作，對家庭經濟的衝擊。

流沙中年所組織的家庭，極有可能一不小心就落入高風險或中低收入戶，特別是現在多半是核心家庭為主的家庭型態，沒有親戚作為補充人力，協助度過難關。

流沙中年的未來，令人相當堪憂。當這些中年失業或中年後因為照顧年邁雙親而放棄工作的人進入熟年期之後，恐怕也將淪為老後貧窮。

想要避免中年流沙化現象的蔓延，政府必須在中年轉職就業上著墨更多，不能放任民間的連鎖加盟業者吸收中年失業人口成為加盟主（加盟事業成功比例僅只有六十％），需要更積極地鼓吹與推動聘用中年人士，給予失業中年人必要的就業輔導。

時時刻刻提醒整個社會，未來的臺灣是少子化與超高齡社會，年輕人力欠缺，而中年甚至熟年人力充沛，能否協助市場活用這些勞動力，將是解決老後貧窮的重要關鍵。

臺灣的老貧預備軍 III
社會積蓄低落的勞工、女性、外籍配偶、失能者、街友等等

◆勞工退休金所得替代率過低◆

老後貧窮的預備軍，並不僅限於家戶所得最低的二十％家戶人口。

說實話，承擔社會主要勞動的九百萬受薪階級，當中不少人也是老後貧窮的預備軍。

勞動部在第七次的年金改革會議上指出，二〇一五年全年，共有七十三萬人請領勞保老年年金給付。年金給付的平均投保年

資為二十七．六二年，平均月投保薪資為三萬五千六百八十四元，也就是說，全體平均每人領取的給付金額僅只有一萬六千一百七十九元，所得替代率只有四十五．三％。

另外，月投保薪資的平均值落在三萬五千六百八十四元，而投保級距在月薪資三萬四千八百元以下者竟高達六百五十萬人！也就是說，未來這六百五十萬人退休後，只能領取低於一萬六千一百七十九元的勞保老年年金給付。

當然，或許你會說，這些人以後有一些人會調薪。但是，從過去將近二十年的受薪階級薪資所得級距來看，臺灣約莫一直有六百多萬人的月收入低於五萬元，也是事實。

這些中低薪的受雇階級在工作時期仍有穩定的持續性收入，加上身體相對健康，還有一些可以幫忙的家人朋友，除非遭逢重大意外，否則應該不至於貿然落入貧困。

根據勞動部提供的資料顯示，二〇一五年度請領勞保老年年金的七十三萬人中，每月領取金額低於貧窮線一萬四千七百九十四元的人數，高達二十九萬人，是總請領人數的四十％。

也就是說，等到退休、或是在就業市場不容易再找到工作，持續性收入停止，身體也逐漸老化、退化，只能靠年金以及僅有的儲蓄養老的時候，問題就會浮現了。畢竟臺灣的景氣短時間內無法回升，低薪、過勞與非典型就業成為常態，目前還有體力讓資本家剝削的勞工階級的未來，堪慮！

現在不窮，不代表老後不會落入貧窮狀態，中低收入的勞工族群全都是高風險群體，問題的嚴重性不容小覷。

◀女性所面對的處境▶

目前的中年女性其實也是老後貧窮的潛在族群，特別是沒有進入就業市場，倚賴丈夫賺錢養家的全職家庭主婦。

雖說目前雙薪家庭盛行，但中年世代的夫妻當中，仍有不少只靠先生一人賺錢養家。

再者，就算是職業婦女，因為同工不同酬，還有性別歧視導致女性的升遷加薪困難，都讓女性在資產累積上處於劣勢。

根據國家實驗研究院及主計總處的調查顯示，三十歲以後男女就業機會與就業率差距愈來愈明顯。不少女性因為結婚、生育而被迫離開職場，回歸家庭。回歸家庭之後的婦女，失去勞保年金的支持，也不可能有農保、公教保及軍保等身分，只剩下國民年金。然而，每月平均僅給付六千〇五元至七千一百九十三元的國民年金，連衛生福利部的最低生活費都達不到，如果老後單身（配偶亡故或離婚），在都會區恐怕連棲身的小套房都租不起！

更別說，國民年金因為開辦得慢，支付狀況不利青年世代，繳納意願和收款狀況都不盡理想，未來是否真的能夠支付國人年金，也還在未定之天。

某種程度上，這是國人應該關心年金改革的原因。除非能夠改變分配極度不均的現行國民年金制度，否則未來就是極少數職業獲得優渥年金，而其他人落入貧困狀態，溫飽都有困難。

◀經濟弱勢、孤立無援的外籍配偶▶

同樣是女性，但比臺灣本地女性的經濟狀況更屈居弱勢的外籍配偶，是另外一個老後貧窮預備軍。

內政部移民署公布的〈一〇二年外籍與大陸配偶生活需求調查報告〉中指出，新住民家庭平均月收入約新臺幣四萬六千一百七十三元，只有本國人家庭平均月收入九萬八千〇七十三元的一半，新住民家庭的經濟狀況普遍不佳。

外籍配偶來臺灣，有特殊的社會結構成因。某種程度上可以說，外籍配偶當中有相當一部分，特別是來自中國與東南亞，多是被迫嫁來臺灣，解決臺灣中低下階層男性的婚姻需求，還有外籍配偶原生家庭的經濟問題。也因此，這些外籍配偶當初多半都以「買賣婚」，透過跨國仲介的方式，「迎娶」回臺。

娶回臺灣後的外籍配偶，大多是作為補充家庭欠缺之人力使用，或照顧家中長輩，或做小生意，或外出工作。

根據移民署的調查報告，外籍與大陸配偶整體勞參率達四十六・六三％，失業率為一・六四％，主要從事行業以製造業、住宿及餐飲業為主，工作收入方面，計薪方式以月薪為主，主要收入以「一萬元至未滿兩萬元」、「兩萬至未滿三萬元」居多。根據一九九八、二〇一三年的調查，均約有四分之三的外籍與大陸配偶平均工作收入未滿三萬元。

由於外籍配偶在臺灣孤立無援，又不容易建立有效解決經濟困局的人際網絡，若非跟同鄉的人群聚就是待在家庭內部，日復一日的從事家務勞動。

外籍配偶的老後生活，需要政府和民間更多的關注，臺灣社會一直有一種隱約的排外心態，除非是來自歐美或日韓的外籍配偶，才能得到較多主流社會關愛的眼光，但那些畢竟是少數中的少數，真正占外籍配偶絕大多數的族群，卻仍然待在社會邊緣，亟需主流社會的接納與幫助。

◢老後失能與貧窮僅一線之隔◣

高齡化時代，一定要認識「失能」問題。

所謂的失能，就是身體功能出現狀況，生活難以自理時間超過六個月且無法恢復，需要他人照護。

雖說失能狀況未必只會在高齡者身上發生，只不過失能人口比例的大幅增長，只會出現在高齡化社會。主因是失能人口會隨著高齡人口比例而攀升。

根據衛福部調查，二〇一五年全臺失能人口數有七十五・四萬人，其中四十八・七三萬人是六十五歲以上的高齡人口。根據人口統計預估，二〇二〇年時，臺灣六十五歲以上的失能人口將攀升到六十萬人（非高齡化失能人口數則沒有太大變化），也就是說五年內成長二十％的失能人口，都來自高齡人口。高齡人口的失能比例約六分之一，高齡失能人口比例未來只會增加不會減少。

高齡失能人士，需要生活照護。如若沒有長照系統，將是一筆龐大的開銷。過去子女和親族眾多的時代，大家輪流照顧或者一起出一點錢，請個外籍看護貼身照護還過得去。

目前的臺灣，高齡者生活照護工作主要由家屬承擔。根據內政部的〈中華民國八十九年老人狀況調查報告〉，無法自行料理生活的高齡者中，有七十七・二一％選擇由家人照顧。主要照護者以被照護者的配偶、媳婦與兒女為主，約莫各占三分之一。照護者當中有七十％是女性，有三分之一同時還有全職工作。

未來少子化時代，加上景氣長年停滯，低薪、窮忙問題無解，子女自己的生活都尚且有問題，未必能夠自給自足，哪有餘力出錢幫家中長輩聘請看護？礙於傳統孝道觀念的壓力，只有萬不得已才會將高齡失能人口送往醫療機構或照護單位安置，現階況來說，恐怕還是得丟下工作，自己跳下來當看護。

在日本，每年就有十萬人為了當父母的看護而離開職場，等到終於送走父母後，卻發現自己年事已高，回不了職場，或只能靠低薪勞力工作勉強維生。經濟狀況大幅下滑，淪為另外一批等候年老的窮人。辭職照護雙親的結果就是兩代同垮，成為更大更嚴重的社會問題。

提醒一點，如果家中有失能人口，且身心失能已經持續或預期會持續超過六個月以上，不能恢復健康狀況，需要長期照護協助者，可向各縣市政府設置的長期照護管理中心申請照顧服務與居家護理。

政府會按照失能者家庭的經濟狀況，提供補助：一般家戶政府補助七十％、民眾負擔三十％；中低收入戶政府補助九十％、民眾負擔十％；低收入戶則全由政府補助。

可預期的未來是，高齡人口失能情況會不斷惡化。我們不該心存僥倖，認為自己不會失能，都不預做準備。如果老後失能卻沒有相當的經濟實力做後盾，又沒有充足的人手支援，很難不落入老後貧窮。

預防重於治療，四十歲以後，應該更積極將預防失能的各種策略導入生活，像是強化腦力活化的訓練、預防失智，務必做好口腔機能（咀嚼、吞嚥、發聲）的保養，提增個人身體的肌肉量、做好預防跌倒訓練，居家生活空間的通用設計化，劃除造成老後跌倒的危險因子，重視均衡營養的飲食攝取，維持身體健康與活力，杜絕失能上身，不讓自己的老後生活落入需要全盤仰賴他人照護的光景。

◀街友▶

最後來談談街友。

或許很多人覺得，自己不可能淪為街友，抑或者覺得，街友是極少數的存在，根本無足輕重，何必多花時間討論？

然而，根據法國的研究報告，有十%的街友擁有大學以上學歷。日本也有一些名為浪人，選擇自我放逐於社會之外，不願回歸社會生活，以街友的方式生活下去的人。在臺灣，街友並非都是懶惰造成，有相當多的人是因為失去戶籍或事故意外，導致無法返回社會，被社會排除，才淪為街友。

也就是說，街友這樣的生存狀態，有些人是刻意選擇，有些人是不得已而為之。

街友貌似乞丐但並非乞丐，因為街友多半有自己謀生的方法，或許是撿破爛或許是撿拾人家不要的食物，棲身公園或地下道，甚至有一些人是有正式工作只是沒有固定居所，和上街乞討的乞丐是不一樣的。

街友也未必都是骯髒的，有的街友很重視自己的身體整潔，因為身體整潔才能減少生病，健康的身體是維持自己在街頭生存的必要能力。

有一些人選擇當街友，是因為命運的作弄，加上身分資格無法取得可以長期居住之住房所導致。

然而，無論如何，街友老後的生活的確充滿風險。年老之後難免體衰，體衰之後在街頭討生活相對變得不容易。餐風露宿的生活也許年輕時還撐得住，老後則容易有狀況發生。

但基於不是每一個街友都有能力或意願返回社會生活，是以政府如何安排解決街友的最基本需求（居住、飲食跟身體健康），讓需要求救的街友有地方尋求幫助，會是幫助街友，將街友問題有效控制在一定範圍內的作法。

街友人數雖然不多，卻不能因為人數稀少而疏於照顧或安置。

民主社會不能阻止自我放逐者自我放逐的權利，國家制度的瑕疵使得某些人無法重新取得戶籍或者在社會生活的資格，這些被社會所放逐或自我放逐的人們未來老後生活的安置，需要更多人關心。

單純將街友汙名化，或將其視為懶惰貧窮的結果，排除在日常社會生活之外，非但沒辦法解決問題，反而徒增問題。

只要社會願意多寬容一點，讓出夜晚的街頭給街友一個棲身之所，加上政府最低限度的協助和對街友狀況的掌握，就能讓這群只需要最低限度生活資源就能活下去的人們獲得最基本的生存尊嚴，即便老後也知道自己擁有可以依靠的協助者。

老後不貧窮

老後不貧窮

我的祖母在跌倒受傷之後，逐漸減少外出行程，也漸漸疏遠了過往同伴的來往，雖然父親跟姑姑每天都會前往探望，畢竟是一個人獨居，且是臺灣南部常見的獨門獨戶透天房，誰都能開門進來閒聊。

有一段時間，有個中年婦人常常來看祖母。起初毫無異狀，單純只是來跟祖母閒聊天。本來祖母就是個很好客愛交朋友的人，突然有人願意常常來陪她聊天，很是開心。

過了一陣子，這個中年婦人開始提到自己在推銷保健食品的工作。非常高明的，只是提了一下，並沒有強迫祖母非得掏大錢買，只不過偶爾到了月底，會說自己的業績就差一點點。

祖母心軟，就掏錢支持了。一次也不過數千塊錢，花費不大，以至於後來姑姑跟父親發現後，提醒她說別被詐騙集團給騙了，就算真的是保健食品，買了一堆也沒吃，要奶奶別再買了。

祖母對父親跟姑姑連忙應聲說好，也推說自己知道對方是有意兜售，但似乎偶爾還是會跟對方買。

後來有一次，我去探望祖母，不經意聊起這件事情，祖母說她都知道，只是對方想要的錢也不多，加上她很常來陪自己聊天，人也很客氣，這點程度的花費她願意接受。

類似的情況其實很常見，一些有心人士，鎖定獨居且經濟能力負擔得起的高齡者，以關心問候作為引誘對方花錢買下不需要之保健食品的手段。被騙的人也並非全然不知情，騙人的也沒有搾乾對方的意思，是一種互取所需的買賣，只是買了不需要的東西，為對方給自己的溫暖關心買單。

如果這個世界上詐騙高齡者的手法，都像我的祖母所碰到的案例，那麼倒也無傷大雅，偏偏現實很殘酷，許多詐騙集團在詐取高齡者財物時，完全不管對方是否會因此而陷入貧窮或破產的地步，一律騙光他們的老本。

再說一個例子，是我太座家族中的一位阿姨，她和她先生當年退休後，便把其中一筆一百多萬的退休金定存在郵局。可是某天下午，阿姨的電話突然一直占線，任憑其他人怎麼打也打不進去，後來再撥通時，阿姨說「自己的一百多萬退休金，全被詐騙集團騙走了！」雖然阿姨的其中一位女婿還是刑警，受理報案後也認真追查，卻也很明白的告訴阿姨，「就算抓到人，錢追回來的機率也很低！」

不幸中的大幸是，阿姨的先生沒有因此責怪她，只跟她說了句「財去人安樂」，加上阿姨過往理財有道，兩夫妻工作多年攢了不少錢和房子，不至於因為失去那筆退休金而落入財務窘境。

不過，卻也不是每一個被詐騙的人都如此幸運，有些人一口氣被騙走數千萬，身家都被掏空了。

高齡者容易成為詐騙目標

警政署統計，全國二〇一六年九月到十二月，光是臺灣銀行就有超過四十件的詐騙案件，其中高達九成受害人都是高齡者。日本近年來的詐騙被害人口統計也有類似的狀況，將近八成的受害人是六十五歲以上的高齡者，顯見高齡人口已經淪為詐騙集團覬覦對象。

出乎意料的是，**被騙光身家的人不乏高知識份子像是教授或老師**。

根據內政部警政署統計，二〇一三年臺灣因詐騙而損失之金額高達三十七．一億元，而日本一年之內被詐騙的金額，更高達五百五十九億日圓。

詐騙集團的手法五花八門，不是只有我們常聽說的電話 call out 式詐騙，有些詐騙集團透過非法手段收購個人情資，預先掌握被害人的人際關係網絡，早已將對方摸得一清二楚，再針對被害人的狀況，設局詐騙。

詐騙集團多半挑選生活型態單純、平日鮮少跟其他人往來，社會資訊的接收與更新不足，最好電腦或網路使用能力不佳，又沒有閱讀書報習慣，且忙於工作專業而疏於生活管理者下手，大規模撒餌，少量上鉤即可收穫大筆錢財。也因此，不常需要與人往來之某專業領域之退休人員，最容易淪為詐騙對象。

常見的詐騙手法

舉個過往常見的詐騙手法，電話預測股票漲跌。

這種詐騙手法是這樣操作的，首先，詐騙集團取得名單後，將名單切分成兩半，一半的名單傳簡訊告訴對方明天某檔股票會漲，另外一半告知會跌。隔天收盤後，捨棄掉不準的那一半，繼續針對猜中的那一半發簡訊預測明天的漲跌，如此反覆操作，三、四次之後，必然有人相信這個老師預測很準，打簡訊上的電話前來詢問投資或代操事宜。

假設我的名單有一千人，只要有十個人受騙上當，就可大豐收。

詐騙集團之所以專挑高齡者下手，除了高齡者的資訊更新速度遠不如其他人，人際網絡也比較封閉，加上年紀大了之後，眼力、聽力、其他認知與思考判斷能力可能出現退化，比較容易上當受騙。

好比說「孫子打電話來告知自己發生交通事故，急需一筆錢來處理」的詐騙手法，為什麼歷久不衰？還不是算準爺爺奶奶心疼孫子孫女，加上來往疏遠，祖孫三代間大多都有一些各自的秘密和彆扭，還有高齡者聽覺退化，對於孫子孫女的聲音之判斷較不精準等各項條件下的結果。

常常有很多民眾嘲笑那些不專業的詐騙集團，很容易就被識破，殊不知，那是因為我們原本就不是他們預設的詐騙對象，而且就算被拒絕他們也不以為意，因為電話詐騙的call客手就像電話行銷業務，每天要打上百通電話，只要能「成交」一件，往往就賺到了一整週甚至一個月的業績。

刑事警察局統計二〇一五年所破獲之詐騙案件，發現國人最常遭受詐騙的手法依序為

- ATM解除：拍賣、購物，或是訂房、訂機票、訂演唱會門票，或是代購等等分期付款設定，詐騙金額二・二四八七億。
- 假網拍真交易：在網路上付錢買東西後卻收不到貨，，詐騙金額七千八百二十八萬。
- 假冒名義：例如假冒親友、猜猜我是誰、是我阿是我阿、假交友等手法等，向被害人謊稱缺錢急用，要求其立刻匯款救急，詐騙金額三・六六三億。

記住一個原理，ATM不能處理退款事宜，凡是告訴你到

ATM可以辦理退款或轉帳退款的，都是詐騙。ATM轉帳只能轉出你帳戶裡的金錢，除此之外，並不能設定其他帳戶的金流，更別說讓其他帳戶的現金轉到自己帳戶來！

針對高齡者的詐騙設計

日本律師間川清在《防詐百科》一書中提到，針對高齡者的詐騙，主要鎖定高齡者對於健康、孤獨與金錢的不安而設計。例如，針對擔心健康的高齡者兜售保健食品，針對擔心錢財的高齡者兜售「一定會賺錢」的投資機會，如未上市公司股票、大型房地產開發案、穩賺不賠的出租公寓或高額保單等金融商品，針對年邁而失去過往人際關係的高齡者提供情誼，等建立關係之後，再藉機兜售不合理之高價產品，讓對方礙於情面而不好拒絕。

善用科技工具，謹記人性軟弱

那麼，該如何預防高齡者受騙上當？

記住一個觀念，那就是深信自己絕對不會被騙的人，越有可能被騙！反而是擔心自己被騙的人，會留意各種不尋常的細節，反而不容易被騙。

謹記人性軟弱，過分自信或貪財，都可能讓自己淪為詐騙集團的待宰肥羊。

根據 Whoscall 跟警政署合作，針對二〇一四年下半年 Whoscall 所收集到的七億筆電話資料進行分析，調查報告指出，惡意電話主要集中在週一到週五晚上，農曆春節前夕是詐騙電話騷擾高峰。

面對面詐騙暫且不論，如果是電話詐騙，現在的智慧型手機普及，不妨幫家中長輩申辦一隻智慧型手機，並在手機上安裝過濾來電的應用軟體，協助擋掉騷擾推銷與詐騙電話，提醒長輩如果來電顯示出現提示該來電是騷擾、詐騙或推銷，就一律不接並且進行封鎖，也許能夠擋掉一部分的詐騙。

另外，幫家中長輩或獨居長者，在手機中將165反詐騙電話設為好友，並在家中市話的醒目處也貼上165反詐騙電話跟常見的詐騙手段，提醒長輩免遭受電話詐騙侵擾，減少被迫破財消災的機會。

避免獨居，杜絕詐騙

至於杜絕面對面詐騙的根本解決辦法，是避免讓高齡者獨居。如果非得獨居，子女與親友手足得經常關心並留意家中長輩來往的朋友名單，務必對家中長輩的交友狀況有一定的掌握，不要隨便讓陌生人有機會接觸家中長輩，讓長輩願意開誠布公地說自己的事情。

要多關心家中長輩，造訪獨居長輩家中時，請務必留意是否出現陌生的嶄新高價商品？和長輩聊天時，多關心其交友狀況，探問是否認識什麼陌生人或新朋友？這些新朋友的言行舉止中，有無強迫推銷的跡象？留意平日沒什麼精神的長輩，是否突然變得格外有精神或開朗？

除此之外，如果可以，應該積極建立與鄰里間的緊密社群連帶，多多去鄰居家串門子，熟悉出入鄰居家的對象，幫忙留意鄰居的異常狀況，都是有效的防範詐騙入侵的方法。

至於沒有親人的獨居老人，則需要社工或社福人員協力，將上述的情報轉告他們。

多轉發詐騙新聞和詐騙手法的介紹文章給長輩瞭解，掌握詐騙知識是避免被騙的好方法。

免費的最貴

務必小心標榜可以「免費體驗」、「免費檢查」或「免費取用」的說詞，不少詐騙集團看準高齡者「貪小便宜」的心態，在強迫推銷的話術一開始總是會置入免費體驗，「不喜歡不要買就好」等說詞，結果人被誘騙到了現場之後，才知道不買無法脫身，再不然就是在現場情境半推半就之下，花高價買下了根本用不著的商品。

如果與長輩同住，則提醒長輩，千萬不要代收家人的貨到付款包裹。請對方在本人會在家的時間再送來，千萬不要讓長輩在獨居的時段處理需要支付款項的事情，那都可能被詐騙集團所蒙騙。

打工可以，不能先掏錢囤貨

對於想要找兼差打工的高齡者，也要避免淪為惡質直銷或老鼠會的下線，這些組織可能會鼓吹你先花錢買下商品，再尋找兜售對象。事實上，那些商品大多是沒人要買的劣質商品，他們只是要騙你買下一堆存貨，藉此賺取你的錢財。

雖然直銷詐騙的例子比比皆是，但也不是沒有正派經營，只要謹記一件事情，要先掏自己錢買或囤貨的工作千萬不要接受！

騙子可能貌似好人

記住一件事情，現實生活中的騙子可能是貌似好人的傢伙，莫名其妙就會對自己獻殷勤，體貼呵護備至。天底下沒有白吃的午餐，非親非故卻大獻殷勤，還願意提供免費商品或勞務體驗者，十成十都是詐騙，躲開為上。

不是只有陌生人才會詐騙，親族友人試圖騙取我們的財產時，也可能會扮好人。

我們應該或多或少都有聽過，不肖子孫在分得遺產前如何百般的孝順與呵護年邁的家族長輩，卻在弄到長輩的存摺或遺囑之後，將長輩一腳踢開。

◢小心親友的金錢投資邀約或借貸◣

最可能以假投資之名騙走我們的積蓄者，是我們相交多年的親友。因為信任，所以當這些人開口擘劃著獲利大餅時，我們就輕信了對方，掏出了積蓄。

雖然不是說應該懷疑朋友或親族，但是碰到必須動及養老本的投資或借貸時，都務必謹慎再謹慎，至少該多方打聽，而如果可以，婉拒最好。

進入熟年期，沒有承受慘賠的能力，寧可賺不到爾後三不五時哀怨幾句，也不要落入血本無歸的地步。

◢清楚長輩的財務狀況，避免繼承一身債務◣

高齡化時代，當自己的父母離世時，自己也往往準備進入或已經是熟年期。如果父母有資產留給自己就算了，萬一父母留給自己的是負債，生前又沒有說清楚講明白，而自己也不懂辦理拋棄繼承，最後可能得白白付出一大筆個人資產替父母償還債務，甚至耗光了自己的積蓄。

務必在父母仍然健在且意識清楚時，就搞清楚父母的財務狀況與日後的遺產配置問題，該預留遺產稅的，該拋棄繼承的都要盡早做好準備，莫讓突如其來的衝擊傷害了自己的財務狀況。

醫療費可能會拖垮財務狀況，身體病痛也可能讓人懶得社交，因此，保持健康絕對是預防老後貧窮的首要之事。

◆肌無力容易跌倒◆

《失能安全照護全書》中提到，三十歲以後，人體的肌肉組織，以每年三百公克的速度減少，並被脂肪所取代。表面上體重沒有變化，脂肪卻不斷攀升，肌肉不斷減少。高齡者體能比年輕人差的原因就在肌肉量的萎縮。

就拿下半身的肌肉來說，四十歲以後，屁股肌肉開始下垂，大腿肌肉變細，變得乾巴巴。

俗話說，「樹老根先枯、人老腿先衰」，指的就是下半身肌肉的衰退與老化。因為人體中大大小小的肌肉約莫有六百條，七十％藏在肚臍以下，一旦肌肉衰退，身體無法承受體重時，會造成腰和膝蓋的負擔，引發腰痛、膝蓋痛或腿抽筋、下肢浮腫等現象，都是下半身肌肉無力的徵兆，將容易引發夜間頻尿、尿不乾淨、攝護腺肥大、陽痿、更年期障礙、生理不順等病症。上半身肌肉無力則引發老花眼、白內障、眼睛疲勞、耳鳴重聽等等。

腳肌肉無力尤其是熟年生活的大敵。人的腳肌肉一旦無力，行動就遲緩，進而人會變得倦怠，不想活動，落入越無力越不想動的惡性循環，導致生活圈縮小，人際關係緊縮，人也自我封閉，終止了原本的社會角色與社會生活，變得消極、頹靡，生活品質下滑。

嚴重時，身體也逐漸失能，連居家生活的起身、如廁、盥洗、吃喝拉撒都無法自理。

所以要保持身體健康，其中首要之務就是多活動，緩解肌肉

無力、避免骨骼鈣質流失導致骨質疏鬆與跌倒。

日本統計發現，跌倒和骨折是高齡者必須接受生活照護原因中的第三名（前兩名是中風和身體衰弱）。

高齡者最怕跌倒，因為骨質密度較低，還有骨骼退化導致骨質疏鬆，跌倒後骨折的機率比其他年齡層者高，身體其他部位連帶受傷的情形也頗為普遍。加上身體復原緩慢，造成長時間無法正常支撐身體站立，必須躺臥病床。

根據衛福部國民健康署在二〇一三年的健康訪問調查發現，六十五歲以上高齡人口，自述過去一年內，曾經跌倒的比例，高達十六．五％。而跌倒後死亡的比例更有二十四．六一％之多。並且，跌倒是六十五歲以上事故傷害死亡的第二名，危險性不容小覷。

二〇〇七年世界衛生組織研究發現，七十歲以上老人，跌倒機率上升至三十二至三十四％，高齡者嚴重跌倒受傷後，需要永久性住院，若傷及髖關節骨折者，一年內死亡的比例高達二十％。

高齡者跌倒原因很多，通常不是單一成因，可能是走路不小心跌倒，可能是無法適應外在環境的速度和人潮或車流導致閃避不及而造成跌倒。

進入熟年期後，人的身體機能退化，操控肉體的自主能力不如過往，無法及時回應外在環境刺激。年輕時不小心在浴室滑一跤，可以中途就以手支撐牆壁而緩解，高齡者卻可能因為反應不及，直接摔倒在地，並且於試圖起身時失敗而失去方向感，產生暈眩，導致再次、三次甚至多次跌倒。

高齡者最常跌倒的地方是浴室和臥室，最常跌倒的時間是清晨和黃昏。

造成跌倒的外在因素有「地毯鬆脫或潮濕、飲酒過量導致身體失衡、地面不平整有突起物絆倒、不熟悉的陌生環境、家中家具位置剛變更時、室內障礙物過多不利行走、服用藥物導致的副作用、飢餓或營養不良、疲勞或精神不濟、馬桶或家中坐椅高度過低、起身坐臥一時重心不穩、室內燈光太強或太弱、未選擇恰當的行動輔具、室內缺乏手扶裝置」等狀況。

◀不想跌倒，住宅空間要改造▶

要避免高齡者跌倒，如果財力允許，居家環境最好導入通用設計，進行住宅空間改造。

最需要改善的居家場所則是：浴室、廁所、廚房、寢室與門檻五處，務必檢查是否符合無障礙空間的設計要求，就是使用拐杖、輪椅等輔具，也能順暢通行。

改造時務必顧及水平移動的便利性、上下垂直移動的方便性、日常生活操作的方便性、建材與器具和操作設備的便利性、緊急意外事故的因應與避免，以及日照與通風都要良好。

另外，居家或外出使用的鞋子要慎選適合自己的鞋型，能夠止滑，並且定期檢查鞋底磨損狀況，定期更換鞋底。好鞋是高齡者保護身體健康，免於跌倒受傷的重要生活輔具。

每年定期檢查視力、聽力和認知能力，不要飲酒過量、濫用藥物，可隨身攜帶警鈴或寵物鈴等，以減少不可預期之外力干擾情況發生的機會。

高齡者的居住空間設計，必須以熟年期時身體機能退化後，還可以居住得安心又健康為準則。居住環境的設施本身必須能夠支持高齡者的生活，方便高齡者處理日常生活起居，將身體損傷的風險降到最低，讓高齡者有尊嚴的安居樂業。

◀沒事多運動▶

根據研究，高齡者的肌肉衰退只有五十％原因和老化有關，另外五十％則是因為運動量不足。如果養成運動習慣，就能夠和緩熟年期的肌肉衰退問題。

四十歲之後，務必養成每週定時定量運動的習慣，散步、慢跑、重量訓練、瑜珈、土風舞、太極拳都可以，重點是有規律。

五十歲之後，運動習慣要繼續，唯運動強度需減弱，減少會造成跌倒或肌肉傷害的激烈運動，改做和緩的身體活動。

運動可以使體溫上升讓身體排汗，提升免疫力，有助心臟與循環器官的活化、強化骨骼、鍛鍊肌肉、減少血液中的糖分與脂肪、改善憂鬱症狀、維持記憶力、預防癡呆、減少腦中風發生機率、預防大腸癌等等，總之好處很多。

臺灣的公園、學校每天早上都有人在做運動，不妨找個離家近的學校或公園的運動團體加入。

即便臥病在床，也要盡可能活動。

怎麼吃也很重要

熟年期生活想要活得健康，要做好自我健康管理，血壓與血糖是很重要的兩項指標，而飲食又是影響這兩項指標的重要因素。

熟年期不要吃太多，應重視營養均衡攝取，多蔬果、多喝水，少鹽少糖少油，菜色要變化，不要每餐都吃一樣的食物，六七分飽即可，定時定量，或少量多餐都可，不要暴飲暴食或乾脆不吃！

長期營養不良，可能導致失能、失智。

熱量攝取不足，會導致虛弱、疲勞；蛋白質攝取不足，會影響身體受傷後的復原速度；缺乏葉酸、維生素 B6、B12 則會造成貧血、神經與認知功能受損；鈣質和維生素 D 攝取不足會造成骨質疏鬆；鹽吃太多會有高血壓風險；甜食吃太多有糖尿病風險；水分攝取不足容易便秘，或是造成腎臟排泄負擔，影響生理機能的調整。

牙齒不好或咀嚼力下降時，可以使用食物調理機磨碎食物，或換副假牙提升咀嚼力，不要因為牙齒功能衰退就懶於吃喝。

注意體重變化，每天起床都量體重、記錄體重。若體重短時間內飆升或驟跌，務必檢視過去一週到一個月內的進食狀況或生活作息，若有發現異常則盡快調整，若無異常則詢問醫生，好做進一步追蹤檢查。

做好健康管理，控制慢性病，最好不要過分仰賴藥物的支撐。

◀規律作息▶

固定時間起床與就寢、午睡，減少不必要的熬夜，維持規律穩定的生活作息。

睡眠時間不長沒關係，品質要好，只要睡得飽，不一定非要睡得久。

失眠的話，要求助醫生，盡早解決，可能是慢性病影響生理機能、干擾睡眠，切莫輕忽。

定時上大號，最好是在家裡有人在的時間去，避免萬一跌倒時沒有人幫忙。非萬不得已，不要放棄自己上廁所，這是維持老後身體健康與作息規律很重要的一項指標。

睡前少喝水，減少半夜起床如廁機會，除避免影響睡眠品質外，也減少跌倒機率。若需如廁，使用便盆或輔具為佳，不要在夜間進行長距離移動。

孩子沒辦法養老的時代

是到了拋棄「養兒防老」觀念的時候了！

崇尚孝道的臺灣，至今恐怕仍有不少父母把孩子當成熟年期的養老工具，希望年邁之後的自己，可以獲得孩子的照顧，幫忙打理老後生活。不少孩子也是被如斯教育長大，相信自己長大後會好好孝順、照顧父母。

有學者研究發現，老後生活有子女奉養的人，生活滿意度較高，成年孩子給老年父母的支持，對高齡者的生活滿意度有很深的影響，與社會的疏遠、隔閡程度較低，且子女數量越多的高齡者，與社會接觸的頻率越高。

不過，隨著少子化與高齡化趨勢，未來無子女可依靠的高齡者只會增加不會減少，如果還抱持著養兒防老的觀念，都不去規劃老後生活，那麼等到老後，萬一兒女沒辦法奉養，很容易就陷入老後貧窮。

其實，靠自己規劃熟年期自我照顧方法，像是橫向聯繫手足或親友，事先安排專業安養機構，都是避免因為沒有子女奉養老後生活而陷入困頓或不滿意的方式。

不一定要死守養兒防老的過時觀念，無論自己膝下有沒有子女。

只要維持熟年期的身體健康和社交關係，生活能夠自理，情感有依賴，經濟能夠獨立，沒有必要非得纏著子女不放。

臺灣社會新的人口金字塔結構，上下兩段肥厚、中間狹窄，非常不利於繼續採用傳統的老人照護模式，也就是由家中子女承擔年邁父母之照護工作。

為了減少由經濟壓力與老人照護之繁重所導致的家庭紛爭與可能的人倫悲劇，為了社會秩序的穩定，政府應該盡早完善老人安養、老人照護等相關福利。

◀老後獨居的數據被嚴重低估▶

根據衛福部社家署的統計，截至二〇一五年六月為止，臺灣六十五歲以上的人口共有兩百八十六萬八千一百六十三人，其中獨居者計有四萬七千七百一十六人，占六十五歲以上高齡人口的一・七%。男性獨居長者有兩萬一千兩百六十三人，女性有兩萬六千四百五十三人，女性略多於男性。

光從數據來看，臺灣的老人獨居情況並不嚴重，不過，實際狀況極有可能被低估。

舉例來說，戶籍雖然跟親人在一起，但實際上獨自居住的狀況，是否能夠有效地反映在統計數字上，令人存疑。

臺灣長年以戶籍作為統計人口狀況的依據，難免失真。相信實際上單身一戶的情況，應該會比戶籍統計數字所呈現的更普遍。另外，偏鄉有許多由高齡者獨自扶養孫子女，子女在外地工作的情況存在，雖然不算獨居，但是情況未必比獨居樂觀。

《下流老人》一書中提到，鄰近的日本到了二〇三〇年，單身家庭將占總家庭的四十％，獨居的占比非常高。雖說並不一定都是高齡者，但是按人口比例分拆下來，超高齡社會（高齡人口超過二十一％）的日本，高齡者獨居家戶數恐怕逼近十％，推估獨居高齡者約莫有六百萬人之多。

此外，臺灣的人口老化速度全球第一，情況比日本還嚴峻，加上少子化、晚婚、終身不婚，或結婚但不生育子女比例逐年攀升，合理推估，老後獨居家戶數量在不久的將來，恐怕也會來到十％，而非目前的一・七％。

未來，愈來愈多人將成為單身一戶的家庭，代表獨居情況日漸普遍。

根據行政院國發會〈人口政策白皮書〉指出，二〇三〇年預估將有五百七十三萬高齡人口，推估屆時將會有八成約四百五十八萬的獨居高齡者，這個數字恐怕比較接近真實狀況，顯示未來臺灣龐大的高齡獨居人口，若沒有配套措施，將形成嚴重的社會問題。

單身獨居在年輕時的影響可能還不明顯，年輕時有工作有親族有朋友，身體也還能健康的使用，外出活動不成問題，獨居生活的負面影響比較不容易干擾自己（但可以想像一下，獨居的自己偶爾碰上重感冒時的各種不方便，那種狀態的持續無法終止，就類似老後獨居且身染重病或宿疾的狀況）。

◀老後獨居要有前提▶

雖然老後獨居正在流行，而我在《人生下半場的幸福劇本》

中也提到過一個人住的優點。不過，那是在有其他條件的配合下，像是身體健康且未退出社交網絡，家人親友經常來往或住在附近，或是已經預先規劃好了獨居生活的實踐之道，平日會到處趴趴走，甚至出門工作，且能忍受一個人的孤獨寂寞。

如果沒有以上的條件輔佐，又不幸生病，雖然痊癒但卻對身體造成後遺症，從此不良於行，便會因獨居而與外界切斷聯繫，漸漸自我封閉。

美國國家科學院（National Academy of Sciences）曾發表一份報告，指出「社交上的隔離與孤獨感，會增加高齡者的死亡率」。

我的祖母剛進入熟年期時，原本也是個活潑開朗外向又健談的人，參加長青學苑，每天到公園打太極拳，一年跟朋友出國旅遊好幾趟，雖然自己一個人住（姑姑跟父親住在附近），但日子過得很愜意。

直到後來她在一次出門時，不小心摔傷了腳，雖然治療好了，但卻有了陰影，且在養病時體能和腿力大不如前，變得愈來愈封閉，不再去公園打太極拳，不再參加長青學苑，也不想跟朋友出門旅行，成天一個人窩在家裡，每天醒來就坐在椅子上發呆，雖然姑姑跟父親每天都會過去看她，帶飯菜給她，順便清掃居住環境，但就失去了往日的那種光彩。

雖然姑姑跟父親都希望把祖母接到家裡照顧，但祖母堅持一個人住，不想打擾子女的生活，他們只好作罷。

後來祖母實在衰弱得太嚴重，父親和姑姑也都已經進入熟年期，根本無力在旁照顧，加上祖母也不希望他們每天在旁邊照顧，遂選擇入住家裡附近的養老院。

上述還是有親人作為支援網絡，從旁協助獨居的情況。如果是真正的老後獨居，完全沒有家人照護時，又會變成什麼光景？

別以為這樣的事情不可能發生。

隨著少子化與終身不婚的情況日漸普及，臺灣的下一代或再下一代，遭遇老後獨居，無親族或子女協力照顧的情況，肯定只會多不會少。

群居比獨居好

許多臺灣人似乎仍然抗拒入住養老院，理由多半是怕外人覺得家庭不幸或子孫不孝，另外就是對於臺灣的安養院過度醫療化的環境感到不滿意，入住安養院彷彿就準備躺著等死，是以許多人都很避諱。

幸好我的祖母當年並不是很介意，選擇了對子女比較沒有負擔的生活方式。

的確，過往臺灣的安養機構有過度醫療化的問題，整個的空間設計和生活動線規劃，不免讓某些入住高齡者覺得自己是進來等死，與正常社會隔絕，因而產生排斥。

幸好隨著高齡化與少子化時代的來臨，愈來愈多單位開始重視老後生活照護，在地老化、友善城市、通用設計、安全照護等觀念，逐漸引入臺灣的老後生活照護系統，相信過度醫療化的現象會逐漸緩解，更加人性化的社群式在地老化生活照護，將會成為未來主流。

目前在臺灣，也已經有老人公寓可以選擇，像是臺北市的陽明山老人公寓、朱崙老人公寓，新北市五股區的老人公寓，臺南市的長青公寓，高雄市老人公寓崧鶴樓等等。

不過，首要的關鍵，還是高齡者自己對於老後生活照護或入住安養院的心態能夠調適好。

少子化與高齡化同時來臨的社會趨勢，直白意義就是「照護人手不足」，兒孫輩的人數比祖父母輩少。

過去的家庭，生養眾多，一對父母照顧多名子女，邊工作邊把子女拉拔長大，還能奉養老父老母。這些父母為什麼可以撐過來，而今天的父母卻無法兼顧？主要原因之一，就是支撐父母的社群網絡變了。

過去的人們住在彼此互相認識，且有血緣或姻親關係的社群網絡裡，鄰里彼此都認識，每個人都能幫忙照顧其他家庭的子女或長輩，家庭中年長的子女也能幫忙，加上對子女沒有那麼細心呵護的教育方式、以及高齡人口數沒有今天來得多，種種情況下，讓生養眾多的父母得以上下兼顧。

而如今的現狀跟過往截然不同，人們逐漸往大都市搬遷，小家庭成為主流，甚至高風險的非典型家庭逐年增加。跟血親與姻親的關係逐漸淡薄，人們不再靠自己的血緣和姻親建立社會安全網，而是仰賴自己的力量照顧子女和年邁的父母。加上經濟發展長期遲緩，人均所得遲遲難以成長，女性也大量投入職場，照顧家族幼童或長輩的人手捉襟見肘，照護悲劇在這樣的社會結構下層出不窮，難以停止。

未來的家庭組織模式將比現在還要多元，單親、無子女的頂客族、經濟有困難的高風險家庭，以及繼親屬組成的拼裝車家庭等等，這些不足以維繫人際網絡連帶緊密的新式家庭愈來愈多，再加上高齡化、少子化衝擊造成的高扶養比，一個工作人口同時得扶養高齡父母和年幼子女，還得避免自己身體不要出狀況能夠繼續工作，著實是一個脆弱不堪的社會結構。

這不也是近二十年來，臺灣的看護與幫傭人數不斷創新高的原因嗎？沒有人手可以輪流照顧親族中的長輩，只好花錢到外面請人。

不遠的將來，很多家庭的兒孫輩恐怕連一起湊錢，承擔聘用看護的能力都沒有，需要生活照護的長輩，只能入住政府設置的公立日托或安養之家，接受政府安置。

◀群居是為了老後人際網絡不致斷絕▶

某種程度上可以說，規劃熟年期的獨居歲月該怎麼過這件事情，跟規劃遺囑一樣重要，與其被動接受遲早會發生的事情，不如自己主動選擇，在事情還沒惡化到最後一步之前，由自己主導、跟家屬商量，做好規劃，找出大家都能接受的最好作法。

怕麻煩家人朋友的心情可以理解，不過只要有心，一定可以找到不獨居也不用麻煩家人朋友的方法。

上野千鶴子的《一個人的老後》一書中，便介紹了很多關於避免老後獨居的作法，像是打算終身不婚的人，趁年輕時，預先找好老後可以一起入住安養院，或一起興建老後安養集合住宅的朋友，改以朋友為基礎的人際網絡，作為支援自己老後生活的幫手。

老後群居最重要的理由是，仍能和社會維持某種社交網絡關係，仍能繼續儲蓄社會資本跟社會積蓄，當自己需要人手協力時可以有人幫忙。

熟年期生活最怕的還不是沒錢，而是沒人能夠及時伸出援手，幫忙處理日常生活的各種大小事情，這些事情由家人朋友來做看起來理所當然，但如果要花錢請人來做，林林總總加起來也是筆不小的開銷。

真想選擇獨居生活也不是不可以，但必須身體夠健康，能夠自己處理日常生活大小事，維持健全的人際安全網絡，做好萬全準備。

目前臺灣各縣市的生命線警民連線等系統，都有提供獨居老人緊急救援或送餐服務，若選擇獨居，則務必請里長或轄區派出所將自己納入照護網絡，協助申請生命線緊急救援系統（六十五歲以上低收入戶免費，其他人每月須繳交一千五百元服務費），設置巡邏袋，加強巡邏，或自費申辦警民連線系統（月租費約九百至兩千元），或是幫自己配置「預防走失手鍊」（若有需要可接洽生命連線基金會、0800056789，或各地方縣市政府社會局）。

總之，千萬不要讓自己因為獨居或經濟狀況不佳而放棄與社會或親朋好友間的來往聯繫。

萬一自己的身體狀況無法負擔獨居生活時，就要毫不猶豫地將自己交給安置機構，不要逞強。

◀發展協力網絡、社群主義式的新形態家庭▶

解決未來照護人力吃緊、社會安全網瓦解的方法，或許就在過去的家庭模式中。

過去的社會在人際連結上有許多的觀念和機制，放到現代重視兩性平權和個人自主的時代來看，其實也頗有參考價值，只要做點調整修正，也許就能成為幫助臺灣撐過少子化與高齡化所造成的衝擊的方案。

古代社會的家庭大多是大家庭制，由許多核心小家庭共同組成的家族，甚至整個村莊都是同宗族的人。以大量的青年人力共同扶養家族或宗族中長輩的方式，建立起了一套照顧高齡世代的社會安全網機制。

某種程度上來說，這也是過去十分強調家族血緣與聯姻的緣故，透過聯姻與血緣關係，擴大社群聚落的規模，讓彼此成為對方的保險機制，在天災人禍、意外事故或年老無力靠自己生存，得以有其他人協力照顧。

雖然臺灣少子化逐漸嚴重，靠血親和姻親關係所能建立的社會連帶人數規模愈來愈小。不過，現代人因為長期投入社會生活，在社會上所能結交的朋友數量也遠勝過古代社會。也就是說，如果古代社會的人類是以血親或宗族作為主要人際關係網絡，現代社會就是靠同窗或朋友來建立網絡。

荷蘭的一個小鎮代芬特爾 (Deventer) 上的一家養老院院長西普克斯提出了一個非常有創意的作法，只要學生每個月提供至少三十個小時，和院內的老人一起用餐、看電視或聊天，或是教老人使用電腦或購物等等，就免費提供宿舍。

這個交換計畫讓高齡者能夠得到協助和陪伴，學生則能省下住宿的錢，更重要的是，透過這個交換計畫，讓兩個世代的人彼此認識，建立關係，形成彼此互相支援的人際網絡。

只要願意從現在開始調整觀念，擴大對家庭或老後照護人力網絡建構的定義方式，**不再僅侷限只有自己血親或姻親，才能作為照護高齡親族的人力**，例如，趁年輕就開始積極尋找老後願意且能夠一起共同生活、共同養老的志同道合者，或是一起集資投資與建老後住宅、聘用老後照護人力，或是趁早和志同道合者一起養育子女，以子女或其他特殊的興趣志業作為建立新型態人際連帶的方法，形成新時代協力網絡式的社群性宗族，把子女養育的責任放到宗族社群網絡裡來，而不單單由個別家庭的父母自己承擔。

未來的我們，也應該試著把照護父母或年邁的自己的責任，分散到志同道合的朋友身上。

至於自己的子女能否投入自己的老後照護，就看他當時的意願和狀況，不要強求。

◀盼望政府協力促成▶

當然，這套新人際連帶機制的建立，如果能有政府共同參與協力建構會更好。例如，針對願意投資興建老後集合住宅的共同集資者，給予較多的方便與優惠，創造各種可以媒合熟年世代人口建立社交網絡的平臺與機制，擴大辦理老人日間託護安養中心（將現在即將廢校的國中小改建就很夠用了），開設更多熟年教育學程或長青學苑，將通用設計全面導入國家基礎建設等等。

只要能順利的將以家族為主的照護支援系統，調整為以新型態社群網絡為主的照護系統，再佐以即將成熟的機器人與自動化科技，相信即便少子化、高齡化來襲，即便未來人口長期趨勢是萎縮而非增長，即便下一代人口數量少於上一代，應該還是可以相當程度的完成熟年照護的責任。

維繫手足與親族之情

老後想避免落入貧窮困境，一定要善用血緣之情，和手足與親族建立一個穩固的社會安全網，彼此互相扶持，畢竟，「血濃於水」，再怎麼疏遠的手足與親友關係，還是比一般的朋友親密，共享同一個原生家庭，有共同的（祖）父母，共同的童年經驗與家庭文化，初期社會化經驗相似，基本性格相去不遠，相處起來遠比和其他人容易產生親近感、信任感與熟悉感。

退休之後，遠離競爭性的社會價值排序系統，不再以世俗成就互相比較，手足與親族之間也比較有機會恢復原本的親密。

二〇一六年底，岳父因為昏倒緊急送醫院，診斷出來是因為糖尿病造成身體狀況惡化，必須住院開刀治療，還好岳母的手足姊妹不少，以及家裡有三個孩子，人手夠多，可以輪流排班照顧，否則原本自費開刀的金額已經不小，若是還得聘請看護，恐怕經濟上會更吃緊。

然而高齡化與少子化趨勢來襲之後，家庭生育孩子數銳減，別說手足少，甚至獨生子女數大增，一個孩子根本無力照顧家中兩老，能夠幫助自己的熟年生活的，反而是自己的手足與遠房親族的血緣之情。

所謂骨肉親情，常常直覺想到的是親子關係，其實兄弟姊妹與遠房親族也是骨肉至親，平日就應該多多聯繫，不要斷了聯絡，或羞於找對方幫忙。

許多人都是怕麻煩親族而讓老後陷入病痛時無人可依靠，造成嚴重的照護問題。千萬不要怕麻煩彼此，反而要常常麻煩彼此，才能建立互相支持的安全網。

擁有老後願意彼此扶持的手足與親族，絕對能夠克服老後貧窮與老後照護的人手不足的問題！

防範老後貧窮不能光靠個人或家庭，畢竟不是每個人都擁有足夠預防落入貧窮的社會積蓄，更不是人人都能無病無痛的平安過一生，總會有一些人是需要政府以國家的力量來保護的，這也是為什麼臺灣要開辦老人年金、推動健保與長照的原因。

從政策面來防範老後貧窮，最有效的就是針對最可能造成老後貧窮的原因著手，設計解決問題的方案。

之前我們談過，老後貧窮的成因有三點：

- 老後破產
- 疾病纏身
- 孤立無援

上述三點中的第一項，政府有國民年金和低收入戶補助，可以提供部分協助。第二與第三項的預防措施，目前是全民健保與長照計畫。

表面上看起來，政府針對容易形成老後貧窮的狀況都已經預先做了處置，然而實際上我們都瞭解，政府能給的只是連基本保障都達不到的最低標準，好比說光靠國民年金和低收入戶補助，可能連房子都租不起，更別說溫飽。

至於健保，雖然每個月只要繳幾百元就能使用，但是臺灣的確有不少人連一個月的健保費都繳不出來，更別說健保並非包山包海，未來有愈來愈多項目得自費，健保並不給付。另外，長照也還是需要基本的費用才能使用。

在我看來，預防老後貧窮最重要的是維持身體健康，以及給高齡者一個可以安心居住的環境。

《理財周刊》曾經作過一個專題〈單身不買房　老來租不到

房〉，探討高齡者在臺灣的租屋困境。臺灣的房屋租賃市場，對高齡者十分不友善，不少房東怕麻煩、怕房子變成「凶宅」，多半不願意將房子租給高齡者，根據崔媽媽基金會的調查，有九成房東不願意將房屋租給高齡者，特別是沒有和子女同住的高齡者。

加上政府沒有完整的老年社會住宅規劃，社會住宅只提供青年或弱勢家庭，忽略高齡者的需求，導致許多人從年輕時就想方設法要攢錢買一間屬於自己的房子。

結果是，青壯年期買的房子，往往不敷熟年期使用，要不是必須重新裝修，就是居住環境不適合高齡者必須搬遷。

糟糕的是，受限於房貸壓力，要被迫忍受不喜歡的工作，可能錯過很多好機會，導致年老退休時手邊的存款不足，空有一個房子卻沒有足夠的持續性收入支持熟年期生活，而房產本身的市值反倒成為阻撓請領中低收入戶的資格等因素，讓許多進入熟年期卻空有一個房子的人，反而陷入生活貧困。

更別說上述所提及的狀況，還是以前景氣好的時代，未來的臺灣，買得起房的年輕人愈來愈少，這些人若不能繼承家中長輩的房產，未來進入熟年期時就得面臨無屋可租的窘境。

雖說專門服務高齡者的老人社區、安養院、老人之家的數量和品質肯定會逐年成長，但上述多只服務經濟收入達一定狀況以上的高齡者，對於經濟並不優渥，無法自費入住安養院或老人之家的高齡者，依舊無法解決問題。

政府必須及早設計能夠安置大量中低收入高齡者的方案，最好的方案則是推廣老年社會住宅。

社會住宅，並不一定要買地來大興土木，政府亦可收購市面上的閒置房產，權充社會住宅。再不然，則是以政策獎勵民間興建老人之家，或租賃房屋給高齡者。

設置高齡者居住專區，也可以讓高齡者互通有無，建立老後社交網絡，避免落入實質獨居且缺乏人手照料的窘境。

總之，先解決高齡者的居住問題，讓高齡者可以住得安心、安全與乾淨，健康問題就能獲得基本解決，而且政府還能透過安置居住的方式，掌握中低收入高齡者的狀況，方便安排居家照護或獨居送餐服務。

除了日常居住環境之外，高齡人士出沒的城市環境，也應該要積極地重新規劃與打造，「高齡友善城市」是許多國家積極推動的目標，住家外圍的社區或社會環境，以現階段的臺灣來說，除了捷運或少數公共空間外，大多對高齡者相當不友善，好比說人行道停滿機車、戶外空間常常出現高低落差，城市移動間的無障礙設施也明顯不足。

當社會環境越是不利高齡者外出活動時，高齡者就會越趨內縮、封閉，對長者的健康維護絕非好事，畢竟要活就要動。

◀打造WHO高齡友善城市▶

近年來國際上積極推動適合長者居住的「WHO高齡友善城市」，要成為高齡友善城市，必須符合以下八大面向：

1. **暢行**：設計便利高齡者使用的無障礙交通運輸設備、提供長者優先的博愛座，以及清晰的大眾運輸資訊，還有友善、便利、普及且負擔得起的大眾運輸系統，讓高齡者能夠善加利用大眾運輸系統在社會上移動，四處參加活動。以及設置接送專車，方便高齡者就醫。
2. **安居**：居住空間必須強制導入無障礙空間、通用設計與生活輔具的使用，將專業照護與志工協力制度化，建立更全方位的長者送餐服務、長者居家生活協力服務，讓高齡者可以在地老化、過上有尊嚴的熟年生活。
3. **親老**：積極設計並提供適合高齡者及其家屬、親友或陪伴者能夠共同參與的休閒娛樂或教育活動，鼓勵長者多多外出，不要窩在家裡。

4. 敬老：積極提倡敬老文化，發展高齡者優先的社會慣習。臺灣日趨高齡化的社會環境，人們必須學著接受高齡者行動速度緩慢的事實，要好好教育社會全體，一起接納高齡者的身心狀況與特質，不要對高齡者的特質感到不耐煩。必要時，立法制訂反歧視法案，杜絕老年歧視，積極協助高齡者融入社會生活，令其不會感到被排斥，而是被尊重的存在。

5. 不老：其實有許多高齡者的身體都很健康，都還有工作能力且希望能夠繼續在職場上工作。政府應該更積極鼓勵企業或 NGO 提供高齡者就業或志工服務的機會，好讓高齡者能夠繼續以一己所長貢獻社會。若高齡者有夢想想去完成，應該有更多鼓勵圓夢的計畫，不要貶抑或否定高齡者的人生夢想。

6. **連通**：協助高齡者學習與使用通訊科技，像是電腦、平板、智慧型手機與網路，設置能夠即時提供高齡者生活與社會資訊、掌握社區鄰里大小事的機制，方便高齡者與社區或社會上的其他人取得聯繫或溝通，讓高齡者不覺得自己與社會脫節、斷了聯繫，提高高齡者與社區鄰里之間的關係，也能有效避免熟年詐騙事件的發生機率。

7. **健康**：提供高齡者各種健康檢查或體適能活動，協助長者認識並管理與控制自己的身心靈，所謂預防重於治療，能夠維持好身體健康，不怕老後病痛纏身，就能活得健康又快樂。

8. **無礙**：積極在全社會範圍落實以通用設計精神打造無障礙生活與交通環境的決心，建立令人愉悅與乾淨的居住環境，打造低噪音、綠色空間、設置防滑與平整的人行道、自行車道，交通法規上應該調整為行人絕對優先，保障高齡者與身心障礙人士的行動安全，減少高齡者外出活動與空間移動的障礙，促進高齡者參與社會生活。

高齡友善環境能夠讓高齡者生活在舒適、安心的社會環境中，進而提高高齡者願意活動，且能經常活動、容易活動，甚至喜歡活動的健康生活模式。

邁入高齡化社會的臺灣，若要協助國人成功老化，得全社會共同齊心，協力打造高齡友善照護環境，讓高齡友善照護環境成為國人老後生活最強大的社會安全網，不讓任何一個人可能因為跌倒而落入無法翻身的貧困處境。

相信假以時日，高齡友善健康照護的觀念可以擴展到全社會，配合通用設計精神，打造無障礙環境，也重新設計社會制度，創造讓高齡者生活安全、舒適且有尊嚴的永續生活環境，讓臺灣成為一個對高齡者友善且愛護、尊重的人性化的高齡社會。

詩人約翰多恩說，「沒有人該是孤島」，人從出生，還未懂事起就和其他人建立連結、發展關係，透過相互饋贈或幫助，建立人際網絡，累積社會積蓄、儲存社會資本，然後成長茁壯，成為頂天立地，對社會與國家有幫助的人。

人類是群居的動物，群居代表人類渴望與他人連結、建立關係，不喜歡遺世而獨立，不喜歡孤立無援。或許因為遠古時代的人類，必須聚集在一起，才能夠互相幫助、互通有無，免於被其他物種攻擊而滅亡。

無論如何人類都渴望連結，失去與其他人的互動或關係時，生命也將逐漸凋零。因為與社會失去連帶，等同於被宣告社會性死亡。一個人的存活與否並非只看生理機能是否繼續維持運轉，還要視其社會角色、人際連帶是否完全斷絕而定。

為什麼古代罪大惡極的犯人，除了死刑之外，等而次之的刑罰就是流放？為什麼古代天主教的驅逐出教，古代中國人的斷絕親子關係、逐出家門是讓人畏懼害怕的刑罰？因為這些都是將人從社會生活中驅逐出境，宣告這個人的社會角色已經死亡。被宣告社會角色死亡的人，等於終止其社會生活的合法性。

某種程度上，這也是為什麼網際網路、臉書等社群媒體，成了今日最賺錢的產業，因為人們渴望與他人更便利的連結，讓人產生連帶感、歸屬感與認同感。

能夠自由的與他人連結，意指能夠自由的與他人交流、互動，並且可以預期這樣的事情可以一再的發生，不會因故受阻或中斷。

未來能夠將人串連起來的企業或服務，就能大受好評。

高齡者易成為孤島

人類渴望群居和與他人建立連結，但有一類人，卻被迫疏遠社會，斷絕了人際連結，社會角色接近死亡，那就是高齡者，而且高齡者中越是貧窮者，與社會或其他人斷絕來往的情況越普遍。

高齡者之所以和社會或親朋好友斷絕連結，除了極少數刻意為之者，其他多半屬於被迫如此的不得不然。

十九世紀末，人類推出了退休的概念，從此跨過某一個年紀的人類，必須卸下社會角色、退出公眾生活，回到家庭，含飴弄孫，過著不需要工作但有人奉養，名為養老的生活。

退休觀念出現的時候，高齡人口不多，且平均餘命不長，加上那個時代的人真的是勞苦一生，家人朋友也多半住在附近，退休成了一種犒賞辛苦一輩子的人的作法，迅速的被社會大眾所接受，各國紛紛引入退休制度。

沒想到，不到一百年的時間，整個世界出現翻天覆地的變化。人類變得愈來愈長壽、健康，家庭規模越縮越小，家人朋友多半不住在附近，人際關係從血親轉為朋友或同事為主要往來對象，社會結構與過往大不相同。

建立在舊社會結構之上的退休制度，逐漸轉變為國家社會乃至退休當事人的負擔。

對國家社會來說，太多太長壽的退休老人所需要的國民年金，跟各項社會福利政策支出，成了沉重的財政負擔；對退休老人來說，明明還精力旺盛且專業能力很強卻被迫退出職場，回家之後，一個人關在家裡，也不知道做什麼才好；對家族親友來說，家裡突然多了一個每天無所事事的人，也帶來負擔。

退休，漸漸地變成了惡夢，因為人類已經跟過去大不相同，如今到了退休年紀的人原本正處於社會連結網絡的中心，卻突然間被架空，一夕之間全部斬斷。不少人因此感到失落，無法調適，日子過得極為虛無、找不到意義，而不知道人生接下來該怎麼過。

長期的孤寂感傷害人類的健康，往往使人感到憂鬱、食慾不振，活動量不足，身體免疫機能逐漸下降，人也變得容易生病，而且難以痊癒。

退休制度誕生之初的線性人生，已經不適合現代社會，特別是以一夫一妻為主的小家庭，沒有龐大人力網絡連結的核心家庭，非常不適用過往那種一退休就斬斷所有人際連帶的退休制度。

◀在地老化▶

我們若不能廢掉退休制度，就必須重新設計退休制度，讓從職場退休的高齡人士，仍能活得健康而開心，過上幸福滿溢的退休生活。

那就是為**高齡人士和整個社會「重新創造連結」**，重新設計社會制度、生活空間、人際關係、市場交易等規則，將退休高齡人口納入其中，而非排擠出去。

好比說「在地老化」，就是一種恢復高齡者與社區生活的連結感的作法。古代日本人把無力供養又不能自力更生的年邁高齡者送到棄老村，現代人則是將高齡者送往養老院或醫療機構「隔離」起來「治療」其不可能恢復的老化「疾病」，同時將高齡者排除在社會生活之外，斷光其社會連帶，令其落入孤寂的精神貧窮狀態。

在地老化的具體行動，是將社區與城市改造成適合高齡人口居住的友善環境，像是蘇黎世的老年設計工廠、臺灣的獨居老人送餐服務、芬蘭的 Loppukiri 社區、南沃克生活圈、老人公寓。

友善城市的無障礙空間設計導入通用設計，讓年邁的長者也能夠使用公共空間而不覺得被排擠，更願意走入社區和市場而不是獨居在家，藉此縮短高齡者的臨終臥床時間，幫助年邁長者找回生命的意義跟價值。

未來會有愈來愈多的生活設計，是為了恢復高齡者與社會或親朋好友的社會連帶而誕生。

當社會基礎建設完成轉型，當人類重新將高齡者串連回社會生活中來，當高齡者不再被日常生活所排擠，能如常而自由的進出公共空間、市場與所有他想去的地方，將不再因為斷絕連結而感到孤寂，不至於因為孤寂而選擇自我封閉或自我放逐，而能繼續享受待在社會人際網絡中的各種好處。

未來的老後安養照護，也將不只是滿足高齡者的基本生理需求，使其延長壽命而已，更是能夠滿足其安全、情感、尊嚴與自我實踐的需求，不但可以活得更長壽而且更健康，也蛻變得更成熟圓融而有智慧。

在社會基礎建設完成改造之前，仍被社會排除的高齡者們不應該屈服於此一社會結構，應該更積極的團結起來，為自己的老後生活福祉向社會與政府展開呼籲，要求加速落實讓年邁長者與社會重新恢復連帶的各種機制。

至於高齡者自己則要試著重新定義自我，將熟年期生活視為一種嶄新的生活型態，不是死亡之前的等待期，而是人類邁向未知新世界的開拓者，拒絕被社會貼上關於熟年的各種負面標籤，敞開心胸擁抱即將到來的生命禮物。

從現在起捨棄退休的想法

原本還算小康的生活，卻因為退休之後的存活壽命遠超過自己預期，或是因為生病而花掉大筆積蓄治病、幫忙解決子孫的財務問題、被詐騙集團所騙等等因素影響，加上中斷了持續性收入來源，導致存款日漸見底，而從原本還算過得去的日子落入老後貧窮的光景者，不在少數。

想要避免上述情況發生，有一個很重要的觀念轉換，得盡早完成，那就是捨棄退休的想法。

◀退休是人造的概念，並非不可改變的真理▶

說起來「退休」這個概念，正式被制度化不過一百多年左右的歷史，一八九一年，德國鐵血宰相俾斯麥制訂了人類史上第一個社會年金保險方案，堪稱退休概念的正式制度化。

不過，當年俾斯麥設定的方案，看起來根本就像詐騙。因為當年的德國，平均餘命只有四十五歲，俾斯麥的退休方案卻得到六十五歲才能支領年金，根本是看得到吃不到，跟今天的情況截然不同。

今天世界各國的年金制度，都遭逢高齡化與少子化的衝擊。能夠繳納年金的人口數逐年減少，需要支領年金的人口數卻不斷成長且支領年限不斷拉長。

有鑑於此，歐美等早臺灣一步啟動年金制度的國家，紛紛開始檢討既定政策的設計，開始修正請領年金的資格，紛紛從現行的年齡往後遞延，目前大多遞延到六十七歲而非一般的六十至六十五歲，不過有些國家甚至想遞延到七十歲以後。

政府開辦的國民年金請領年齡的遞延，意思就是延後正式從職場上退休的年紀，而且未來應該只會不斷往後遞延，甚至全部打掉重練。

也就是說，與其奢想未來的自己可以從國家那邊領到年金養老，不如做好最壞的打算，國家支付的年金已經不可期待，破產是在所難免。

與其期待年金讓自己可以好好退休養老，不如捨棄或轉換退休的觀念。

退休，未必是好事

過去的退休觀念，是完全從職場與社會生活退出，放棄自己經營了幾十年的社會角色和社會地位，回歸無職無事可做的狀態，專心養老。

可是，這套觀念實際落實了這些年後，愈來愈多問題產生，像是日本出現了嫌棄退休老公成天窩在家裡，哪裡都不去也不幫忙做家事的「巨大垃圾」的說法，還有一些婦女因為受不了退休的老公成天在家而訴請離婚。

退休整天窩在家裡的高齡者也受不了自己的窩囊無用，渴望重返社會的人不少，因而社會上出現不少教導高齡者「如何安排老後生活」的專書。

退休是為了實踐人生下半場計畫

與其完全退休之後，落得沒事可做，不如轉換退休觀念，把退休當成準備好了充足的預算和規劃，可以去做自己真正想做的事情的開始。

把退休之後的生活當成「人生下半場」，自己在人生上半場儲存的財富以及所累積的人脈和專業，就是為了實踐自己人生下半場真心想做的事情的準備。

例如幾年前臺灣有個法官，申請提早退休，退休後進入神學院讀書，希望自己將來可以成為牧師，為上帝傳福音。

另外，關於退休規劃，我覺得最值得效法借鏡的是職業軍人。不少職業軍人從軍旅生活退役下來時，才四十出頭歲。人生才剛到中場，還有漫長的日子要過，且還身強體健，手邊擁有的月退俸約莫三萬出頭，雖然餓不死但要養家活口勢必得再找一個可以長久經營的事業或工作，也因此，不少退役的職業軍人都會再找其他出路。

我就碰過好幾位從職業軍人退役後，返鄉務農的農友，聽他們分享務農生活的點點滴滴，真心為他們找到了自己真正想做的事情而開心。

未來的新退休觀念應該是這樣的，在人生上半場打拼累積的財富，可以保障自己的基本衣食無虞，因而可以更大膽無畏的放手去做自己想做的事情，一直到人生的終點。

如此一來，退休後不用捨棄過去累積的社會地位、資歷、人脈，可以繼續為社會貢獻所長，可以繼續有穩定的持續性收入，可以繼續留在既有的社會網絡中，生活可以過得更充實且更有保障。

◀活到老，做到老▶

持續工作是有益身心健康的事情，持續工作可以讓身體維持如常的活動量，只要不發生意外或過勞，反而更能保健身體。相信大家都有看過，原本在職場上很活躍的人，一退休下來整個萎靡不振，失去歸屬感，對自己失去信心，對人生失去盼望，產生活著只是等死的悲觀想法，不再活動，因而身體快速衰老的狀況。

俗話說，要活就要動。

真正對未來的高齡者好的事情，不是成天無所事事，而是可以繼續從事自己喜歡的工作，繼續勞動身體，以勞動維持身體健康，以勞動維持自給自足。

更何況，少子化與高齡化的時代，同時也是大缺工的時代。

許多企業都在思考如何活化高齡人口的勞動力，生活照護產業也在思考未來如何讓身體仍然健康的年輕高齡者（五十五至七十五歲）投入照護產業，照顧資深高齡者（七十五歲以後），發展出一套以高齡者照顧高齡者的長照系統，減輕社會照護高齡者的重擔。

每次看電視，介紹日本的高齡職人或人間國寶時，除了讚佩其精湛的工藝技巧之外，我覺得更值得學習職人活著就要勞動，一心一意專注於自己的工藝技術的淬鍊，從沒想過要退休，把在工作檯上倒下視為榮耀的觀念。

當我們不以工作為勞苦，投身自己真心喜歡的工作時，又怎麼會想退休離開這份美好的工作，當然會希望一直做到人生的最後一刻！

而當我們有了這樣的認知轉換，就再也沒有退不退休的問題，也就在無形中降低了落入老後貧窮的可能性，因為我們會持續活動自己的身體，維持身體健康，也能透過工作保住持續性收入來源不至於中斷，解決了老後生活最讓人憂心的收入不足以支付開銷的問題。

所以，請從現在開始，捨棄退休的想法，好好思考當自己抵達可以請領年金或可以從公司職場卸下正式職務的年齡之後，到底要投入什麼樣的工作或事業，讓它陪伴自己走完人生最後一段旅程！

熟年期能創造持續性收入的方法

老後生活最讓人感到焦慮不安的是，經濟破產，入不敷出，已經花光了所有積蓄或財產，人卻還活著。

導致破產的最主要原因，是缺乏足以供應熟年期生活所需花銷的持續性收入。

雖然坊間不少金融專家都鼓吹應該要提早為老後生活做好準備，趁早開始儲蓄或理財，購買熟年期可以使用的金融或保險商品，不過，比起從年輕就多為熟年期生活存錢，還有一點更重要，那就是為熟年期準備好能夠源源不絕創造持續性收入的方法。

過去的人類，是靠多生養有生產力的後代子孫，盡全力栽培的方式替自己的老後生活創造持續性收入。

這套方法在高齡人口少、平均餘命不算長，而青壯年人口多的時代適用，卻不適用於少子化與高齡化的臺灣。

從現在開始，即將邁入熟年的朋友得自己預先做好熟年期生活的財務規劃。

擁有豐沛持續性收入的人，即便儲蓄或資產較少、手中所擁有的金融商品較少，也不用太擔心。

之前我們舉過例子，說明有持續性收入的年輕人，跟只有儲蓄而無持續性收入的高齡者，兩者的差異。

對多數人來說，上班工作換取薪水，是持續性收入來源。全臺灣有九百萬勞工和八十多萬軍公教人員，都是靠工作賺取持續性收入。

工薪族的持續性收入，通常在從職場退休後就會停止，甚至更糟一點的情況，公司倒閉或被裁員資遣，又找不到新工作時，就會停止。資遣裁員的部分在〈臺灣的老貧預備軍〉已經談過了，這裡只談正常退休的工薪族的狀況。

因為「退休」，離開職場，沒有了固定的持續性收入來源，接下來數十年，都只能靠手上的資產或儲蓄過活，自然會讓人感到不安。因為，資產可能會隨著通貨膨脹而縮水，也可能坐吃山空。如果可以，能夠繼續產生持續性收入是最好的情況。

謹記一個原則，退休後的持續性收入未必要追求逐年成長，也不一定要多於日常開銷需求，而是應該**審慎評估自己的支出跟資產狀況後，計算出一個最低限度值**，設法找到持續性收入來源（也不一定只限一個），只要能夠達到所需支出費用就好了，跟青壯年期追求事業與收入成長的思考邏輯不同。

以下是一些能夠創造持續性收入的方法，僅供各位參考。

年金收入

在臺灣，少數軍公教可以在退休之後，領到所得替代率⑥接近百分之百的年金收入。這群人可以說是最不需要擔心持續性收

備註⑥

退休後所得除以在職時薪資的百分比

入的一群。

除了退休軍公教之外，其他勞工、農民、私校教師以及一般國民，各有對應的年金收入金額。

平均來說，軍、勞、公、教、私校、農民、與國民年金的平均每月給付，分別為四萬九千三百七十九元（軍）、一萬六千一百七十九元（勞）、五萬六千三百八十三元（公）、六萬八千〇二十五元（教）、一萬七千兩百二十三元（私校）、七千兩百五十六元（農民）與三千六百二十八元（國民年金），端視你的身分和繳納年金資歷而定。

從上述平均數字可以發現，除了軍公教之外，其他人的年金收入，只能稱得上杯水車薪，不過，還是聊勝於無。最可怕的是國家主持的年金計畫已經面臨財政窘境，這一些由國家發放的持續性收入，不知道未來還能夠持續發放多久。

我的建議是，四十歲以下（民國六十六年、一九七七年以後出生）的人，就當作沒有年金的存在，不要納入退休後的持續性收入的規劃中，如果將來退休真的還領得到，就當賺到。

定存利息

雖然定存利息只有一％上下，一百萬的定存存款一年的利息只有一萬多元，不過，如果選擇每年支領利息支出，仍能將利息視為一種持續性收入。

儲蓄險的生存保險金

近年來，各金融機構非常流行兜售儲蓄險，通常是六年期，可以選擇繳款開始隔年就能定期支領生存保險金，也可以選擇到期後再支領，或指定支領年齡。

買儲蓄險就是強迫儲蓄，未來能定期分批領回，順便買個保險，不要太計較獲利能力。

儲蓄險的好處是，如果配置得當，可以當成一種穩定的年金收入來源。不過，缺點是萬一臨時有急用，想提前解約，就得有損失本金的心理準備。

分紅配股

熟年期選股策略，絕對不是追求瘋狂大漲，而是穩定，定期可以分紅配股，把分紅配股當成持續性收入的一種。

因此，選股原則只有一種，我稱之為「如果這家公司倒了，臺灣也等於垮了」原則，目前來說，找產業的龍頭績優股是不錯的選項。

不過，千萬不要把資產全都壓在股市裡，即便買的都是龍頭績優股，也只怕股價起伏會讓人的血壓也跟著起伏。

必須掌握量力而為的原則，特別是放在股市裡的資金，最好是賠光也不會傷及老本的程度。

房租收入

老一輩的臺灣人，大多在房地產還未飆漲前就買了幾間房子。退休之後，就當包租公、包租婆，收房租當作持續性收入來源。

年輕一輩如果將來有家族長輩傳下的房子，適度整修之後出租，也可以把房租收入當成持續性收入。

不過，如果是為了收取房租而特別去買房子，現階段的臺灣並不合適。

以臺北市來說，房租房價比已經高達六十九倍，也就是說買房的花費用來租房子可以租六十九年，遠超過臺灣一般房屋的壽命年限五十年。

此外，隨著少子化與高齡化的人口結構發威，未來能夠繼承家中長輩房屋的人數只會多不會少，市場空屋率只會不斷增加不會減少。未來租屋市場是供給大於需求，除非地段特別好，否則租屋收入並不好賺。

也就是說，將房租當成持續性收入可以，但最好是退休前就已經攢下且不用再繼續支付房貸的房子，千萬不要在熟年期的時候揹貸款買房子來出租，不要妄想這個持續性收入可以確保你的本金不會被吞噬，因為租屋的各種非預期狀況，例如房屋的維修和維護、出租的空窗期，處理起來也是很棘手。

另外一點要提醒的是，千萬不要拿自己的退休金或老本幫孩子買房。

◆擔任顧問、打工或兼差◆

我的姑丈從中鋼退休之後，以顧問約聘方式繼續留在公司服務。

一來是姑丈長年在中鋼服務，以公司為家的他，生活沒有其他嗜好，完全退休對他來說會多出太多時間，倒不如轉換成工作較為輕鬆且仍有持續性收入的顧問職，繼續留在公司。

不少從國立大學退休的教授，都仍然繼續在大學兼課，甚至轉往私立大學任教，同時支領兩份持續性收入（國立大學退休金與私立大學教授薪資），持續性收入源源不絕。

未來的臺灣，將會因為少子化而出現大缺工潮，基本上如果健康狀況允許，即便過了退休年紀或從公司退休，只要有心願意找工作，都還是能夠找到兼職或計時工作，像是便利超商店員、大樓保全、代課老師等等。

並且，隨著高齡化持續發威，許多國家都在積極推廣以年輕高齡者照顧資深高齡者的生活照護工作，未來適合熟年人士的工作機會只會增加不會減少。雖然未必都是全職工作，收入也未必比全職上班時期多，卻是一個獲得持續性收入來源的好方法。

只要放下退休後就不再工作的觀念，一定能夠找到創造持續性收入來源的方法。

透過網路做個小生意

隨著網際網路的崛起和普及，透過網路兜售各種產品或勞務的情況也愈來愈普遍。日本的網路上就出現「出租大叔」的工作，只要每小時一千日圓就能租一個大叔陪你聊天說話，提供你專業諮商。

退休後的熟年朋友，肯定有能夠跟人分享的資歷或專業，或是以開課或是以顧問諮詢的方式，將自己推到需要的人面前，也是一種創造持續性收入的來源。

或者，可以經營社群網站或部落格，透過分享專業，聚集人氣之後，也可能有廠商找上門來，尋求合作。

在我看來，退休的上班族不妨把自己當成一個按件計酬的SOHO，SOHO是將自己的專業分拆，在市場上兜售或待價而沽，只要有人願意買且價格能夠接受，就可以成交的工作型態。

熟年朋友很適合將自己的工作型態定義為SOHO或顧問，以按件計酬或按時計酬的方式收費，創造持續性收入來源。

稿費收入

最後分享一個，跟我自己本業有關的工作：寫作。

退休後的上班族，時間大把不知道怎麼用的話，不妨試著提筆為文，寫下自己的生活經歷或對時事的評論，投稿給報社雜誌社或網路媒體，獲得錄用就能賺得一筆稿費，沒有被錄用也可以打發時間，不會被家裡的另一半視為米蟲或大型垃圾，一舉數得。

稿費和版稅也是持續性收入的來源，最棒的是，每年還有十八萬的免稅額。

歐、美、日有一些作家，退休後才開始創作，或寫詩或畫畫，最後集結出版時，甚至有人成為暢銷作家，再創事業新高峰。

根據臺灣殯葬資訊網上的資料，一場基本款的喪禮，價格約莫落在十七萬三千兩百元至二十九萬七千四百元之間。

對於經濟狀況中等以上的人來說，這筆開銷不算太高，甚至再往上加碼都可以，因為傳統臺灣人，往往在親族的喪禮上搞大排場，彷彿排場愈大愈孝順，而往生者的一生也愈成功。

如果是弱勢家庭或獨居高齡者，一場喪禮得花費十幾萬元，並不算少，甚至是蠻沉重的負擔。

也有一些高齡者，省吃儉用，無論如何要替自己攢一筆喪葬費，讓自己能夠好好地走。雖然也是人之常情，特別是沒有了親族朋友的獨居高齡者，更需要這樣一筆錢來確認自己往生後能有人幫自己送終。

然而，卻也往往是為了保住貌似為數不多的這筆喪葬費，讓自己最後的一段人生旅程走得很是艱辛，飽受貧窮與病痛折磨，甚至有些人生了病連看醫生都不敢，擔心治療費用會侵蝕掉辦理自己喪事的費用。

喪葬儀式的花費，如果可以，趁年輕還有固定工作的時候，就幫自己投保一份人壽險，人壽險不用投保太高，只要將來足夠支付喪葬費即可。

如果來不及或買不起人壽險，不妨試著轉換面對死亡的心情，不要執著於非要有一場像樣的喪禮替自己送別。

想像死亡就是回歸天地自然，與大地合一，就像日本這幾年開始積極推動的零葬（不舉行葬禮、不留骨灰，也不需要墓地或塔位，一切歸零），或是臺灣有人在推動的樹葬、海葬，都是鼓勵民眾以極低的花費，不鋪張浪費或炫富的方式，處理自己身後事的作法。

甚至可以選擇在死後成為「大體老師」，把自己的身體捐給醫療機構，為人類的醫療科技貢獻一份心力。

生死之事，往往是臺灣人所忌諱談論，卻是每一個人都得遇上的事情。

然而，因為生前不談論、不討論，死後徒增困擾或給遺族添麻煩的情況也不少，特別是還牽扯上遺產分配的糾紛時，偶爾還會鬧出家族間不和，停棺在家或殯儀館，遲遲不下葬的悲劇。

面對生死之事，我們應該試著調整觀念，不要再用傳統方法面對，畢竟如今享高壽才逝世者日多，喪禮不再像過去那樣總是悲苦，反而應該改一改觀念，轉變成值得親族齊聚，共同送走往生者的一場派對，多一點懷念，少一點悲苦，會比較好。

也可以學學電視劇《遺憾拼圖》裡的女主角一樣，趁自己還能夠跟親朋好友好好告別時，辦一場生前告別式，好好跟大家說說話、敘敘舊，至於將來真正的告別式反而不需過分鋪張，甚至連親朋好友都不必通知。

喪禮跟婚禮一樣，其社會功能都是在告知大眾，自己的身分要有所轉變的儀式，如今的世界告知訊息的方式很多元，未必要所有人花時間齊聚一堂，共同認證。

總而言之，面對少子化與高齡化的未來，調適自己面對往生以及處理自己身後事的心情和作法，越能放下堅持世俗禮法的執念，越能夠灑脫而沒有負擔和壓力的走完人生最後一段路。

結論

面對這個時代，你可以這樣做

面對超長壽時代來臨，每一個人最好都能擁有一項無人可以取代的專業，就算不小心丟了工作也能以此養活自己與家人。

積極尋找讓你覺得有意義，願意老後人生持續投入去做的事情，培養接班人也好，擔任 NGO 義工也罷，花時間熟悉之。

開始減少應酬，花時間陪家人，重視健康與飲食，養成運動習慣，替自己找尋工作以外的興趣，利用零碎時間準備老後生活需要的東西。

開始結交不涉及利害關係的純粹友誼，可以在老後生活相互扶持的那種友誼。

另外一個重要的問題，是已經進入熟年期的父母的照護需求之規劃，務必盡早展開且做好最壞打算。

在日本，每年有十萬人為了照護年邁父母而離開職場，最後在完成父母照護任務之後，卻無法再返回職場，直接落入老後貧窮的困局。

在臺灣，則有原本已經低薪過勞，卻又要一肩扛起年邁父母照顧責任的流沙中年，原本就不算寬裕的日子，因為父母突如其來的病痛或過於年邁，需要的照護量漸增，加深了家庭經濟壓力。

未來父母跟自己都是高齡者的狀況，將愈來愈普遍，同樣身為高齡者的自己如何照顧更加高齡的父母，而不讓家庭經濟崩垮，除了盡早積極做規劃之外，別無他法。

然後是孩子，有孩子的人務必多關心孩子，真心的關心孩子，青春期的孩子多半叛逆，叛逆只是成長蛻變的一環，不要太過害怕或太過嚴厲，協助孩子度過青春期，轉為大人，那麼孩子必然能成為自己熟年期生活時最佳的輔助。否則的話，非但上有高堂老父母需要奉養，下還有啃老族伸長手等著跟你拿錢過日子。

最後，如果可以，好好經營鄰里關係吧，日常生活真正有急事需要幫忙時，近鄰還是比遠親來得迅速，況且老後退休生活的舒適與否，和自己能否與社區產生連帶感是很重要的關鍵，不妨認真思考並開始尋找自己熟年期生活希望入住的社區吧！

人生中場就準備，不怕老後變貧窮

人生中場是人生的折返點，也是人能否順利轉入熟年生活模式、成功老化的關鍵時期。想要老後在各方面都能過的富足，最晚從人生中場，四十歲之後就要開始規劃。

四十到五十歲這十年間的工作和生活選擇、財富的分配與累積、對自己的身體和心理是否用心照顧，大大影響老後生活的布局。

千萬不要到了四十歲，就開始因循守舊的固定生活，更不要只顧著忙工作和照顧子女，給自己安排一點固定的時間運動、經營老後所需的各種人際關係、為熟年期生活做好財務規劃與投資（醫療險、壽險、儲蓄，維持收入大於支出的生活模式，不要亂借錢給別人，不要胡亂投資自己不懂的東西，股票只買績優龍頭股，繳清貸款，不碰高風險金融商品），為自己能夠獨立而不需仰賴他人的老後生活做出萬全的準備。

再次強調，身體健康、財富獨立與人際關係，是遠離老後貧窮的三隻腳，不可或缺。

為了邁向富足的人生下半場，請務必提早準備，儲蓄自己的未來！

熟年出版品介紹

熟年出版，原本只是生理老化的健康叢書

雖然人口學家早在十多年前就發出警告，高齡化海嘯即將衝擊臺灣社會，政府與民間必須及早做準備。可惜言者諄諄，聽者藐藐，不但長照制度到如今仍然無法積極落實，年金改革議題卡住無法動彈，高齡化社會所需要的各種軟硬體設備的準備工作，卻仍然為多數國人所冷落。

雖說臺灣的出版界也早就意識到高齡化議題的嚴峻，陸續有出版熟年議題的作品，不過，當年熟年議題的出版品，主要鎖定在熟年人士的健康維持與生活照護上，例如熟年身體保養類最有

名的作品，當屬莊淑旂的「宇宙健康法」系列叢書。

不過其對於熟年生活的著墨較少，即便有出版人投入心力，推出探討老後生活與社會心理的作品，像是遠流出版社在一九九四年就推出《如何享受老年：活得好、活得泰然與逍遙》、《高齡的魅力：培養積極的老年人生觀》，大塊文化在二〇〇二年推出了《銀色的旅程》等，甚至有出版社（樂天）在二〇〇六年推出了熟年世代專屬雜誌《熟年生活》，卻都沒能引起社會的迴響，始終只是出版領域中較為小眾的一支。

◀《一個人的老後》，帶動熟年出版熱潮▶

直到東京大學社會學系教授上野千鶴子的《一個人的老後》一書，二〇〇九年在臺灣推出繁體中文版，引發熱議，情況才出現變化。

彷彿以此書為分水嶺，正式喚醒了國內出版熟年議題的作品熱潮，熟年主題的出版量大增，而且不再僅僅侷限於過往的健康照護面向，探討熟年期生活和臨終照護的作品也愈來愈多，且有不少作品都引起社會大眾的關切與好評，甚至開始有出版人積極投入研究，思考推出專門給熟年世代閱讀的出版品類型，而不光只是出版跟熟年議題有關的出版品。

由於熟年保健作品數量龐大，在此暫且擱下不談，本文將把重心放在熟年的日常生活與社會心理方面的著作介紹。本文認為，熟年議題的關心面向從身體老化與保健轉向社會生活與心理健康，乃至社會結構轉型之變化的探索，是整個社會充分意識到熟年議題的重要性的緣故，是以值得特別將這些熟年作品的出版狀況帶出來介紹與剖析，本文接下來將介紹熟年議題的出版類型與知名作品，讓讀者對熟年出版潮有更深刻而系統性的認識。

◀以肯定之姿看待熟年期生活▶

《一個人的老後》之所以引爆銷售熱潮，可能和作者以正面肯定態度切入，詳盡而不失幽默，深刻而完整的介紹了熟年生活的各項準備工作，其所散發的正面肯定態度有關。

自此之後，出版界推出了不少正面肯定熟年期生活的作品，像是《熟年真好》（法鼓）、《遇見未來的自己：如何優雅地變老，中年人應該知道的10件事情》（太雅）、《一個人，不老的生活方式》（太雅）、《最無憂的老後：精神科名醫帶你遠離熟齡憂鬱的76個快樂提案》（三采）、《優雅的老年：678位修女揭開大腦健康之鑰》（張老師），這類作品的問世，代表社會漸漸能夠將高齡者納入社會生活的一部分，代表熟年世代愈來愈懂得如何調適自己的社會生活，不至於因為退休而感到失落徬徨甚至全面退出社會。

關心熟年社會心理的變化

進入熟年生活後，人不但生理出現老化現象，心理也會因為生理老化而出現改變。艾瑞克森應該是最早研究高齡者社會心理的學者，臺灣也在二〇〇一年就翻譯了《Erikson 老年研究報告》（張老師），不過，同樣也得等到上野千鶴子的作品問世之後，才又出現更多關心熟年社會心理方面的作品，像是《熟年世代：最誠實的熟年心理與人生剖析》（臺灣商務）、《父母老後為什麼總是那麼固執？聽見老年人心理和行為轉變背後的心聲》（木馬）、《老年心理學：從心理科學看成功老化》（雙葉書廊）、《熟年力》（大塊）、《成功老化》（大塊）、《擁抱老年心生活》（南與北）、《愛上慢慢變老的自己：退休醫生給你的57個實用身心提醒》（寶瓶）、《與歲月和好：盧雲談變老這件事》（校園書房）。

熟年生活，需要認真打理

具體來說，熟年生活怎麼過才好，許多人大概有方案，實際上要說出一番究竟，應該會難倒很多人。

坊間則出現了不少暢談熟年生活怎麼活才精彩的作品，或是熟齡朋友自己的見證分享，或是知名作家的分析與分享，像是《牽爸媽的手，自在到老的待辦事項》（天下生活）、《老前生活整理預約優雅後青春》（麥浩斯）、《積存時間的生活》（太雅）、《理想的老後：讓你到老更幸福的人生整理術》（如果）、《好好照顧您：台大老年醫學專家，教你照護爸媽，不可不知的10大迷思與14項困擾》（寶瓶）、《臺灣長照資源地圖：長期照顧實用指南》（天下文化）、《銀髮生活：建構優質的長青生活與環境》（巨流）、《安老覺醒　長壽和你想的不一樣：20種生活提案×30份任性清單×66個實習筆記》（聯經）、《退休夢：10年規畫＋紀律進行，讓有錢人也羨慕的法國第二人生》（寫樂）、《上流老人》（聯經），相信讀完這些書，應該都能對自己的熟年生活說出一番理想規劃來才是。

◀黃昏之戀與人際關係▶

有件事情頗為有趣，坊間有許多暢談男女相處與婚姻經營方法的作品。

不過，這些書當中的絕大多數，預設的讀者都是中年以下的青年人口乃至青少年，寫給五十歲以上熟年朋友讀的兩性關係或人際關係經營類的作品，說真的並不多，只有《熟年婚姻白皮書：夫妻間不能說的祕密》（馥林）、《人生下半場的幸福劇本》（三民）、《彩虹熟年巴士：12位老年同志的青春記憶》（基本書坊）、《夫婦的覺悟》（天下雜誌）寥寥數本，對於有志於開發熟年市場的出版先進，不妨考慮在婚姻戀愛與人際關係領域多所著墨。

老後理財

說來也諷刺，我們明明有許多提供給中產階級理財的退休與理財規劃書，像是《退休後，你夠錢生活嗎？財富規劃師給月光族的不缺錢秘技》（羅達文創）、《拆開獲利的糖衣：17個摧毀退休計劃的投資迷思》（天下雜誌）、《打造退休計畫的8個步驟》（富易）、《35歲起，預約退休存摺》（遠見）、《不動產問題，熟年知多少？》（馥林）、《提錢退休：提早10年退休的省思》（奇盟子）、《不上班也能月領5萬元的完美退休計畫》（智富）、《避免成為退休窮老爸的6個方法》（天下雜誌）、《終於看懂退休規劃：投資大師謝金河嚴選，教你step-by-step安心退休》（早安財經），卻不太談老後貧窮的狀況。

老後貧窮

還好老後貧窮問題在《下流老人》（如果）一書出版後，引起社會廣泛的關切，許多人赫然發現，原來我們離《老後破產》（大牌）、《續・下流老人》（如果）並不遠，相信未來應該會有更多關心弱勢熟年朋友的出版品問世。

老後獨居

好比說老後獨居。固然《人生，到最後都是一個人》（三采），不過，獨居老人要能活得像《一個人的老後》（時報）或《一個人也快樂，熟齡的單身生活》（太雅）中那麼精彩，需要做足了各方面的準備，還要沒有疾病與意外纏身的幸運才行，萬一不幸落得像《無緣社會》（新雨）一書中所介紹的獨居老人般的生活光景，無緣孤獨死可能近在咫尺。

臨終關懷很重要

我們總要送走自己的父母。可是懂得如何關懷臨終父母需要的人，著實不多。《如何照顧失去老伴的爸媽？最重要的6件事：居住．看護．心理．日常危機．醫療保險．「那一天」的準備》（新自然主義）、《平穩死：為自己寫下期望的人生結局》（尖端）、《生死迷藏》（大塊）、《為告別作準備：兩位醫師對善終的深度對談》（佳魁資訊）提供了很多必要資訊，還有關於心態調整與放手、放下的方法，願我們每一個人都能及早做好準備。

遺囑規劃

如果要你現在開始擬定自己的遺囑，相信很多人會生氣地拒絕，或哈哈一笑的帶過。多數人都不覺得自己有馬上預立遺囑的需要，不只青壯年人如此，已經邁入熟年的朋友也一樣，不願面對死亡與遺產分配的問題，最後就是徒增後代子孫的困擾與紛爭。許多人的家庭，都是為了爭奪遺產而分裂。

不管你是《不要留遺產給孩子》（商業周刊）一派的擁護者，還是決定趕快先把遺產分配給子女的人，記住一件事情，《遺囑書：我的身後事，我做主！》（不求人）。盡早預立好《我的遺書》（八方）。

身為子女的人，《當爸媽過了65歲：你一定要知道的醫療、長照、財務、法律知識》（先覺），特別是遺囑的規劃，趁父母意識還清醒時就趕快一起討論做個決定，以免日後憾恨懊悔。

開始為熟年做預備

如今的時代，沒有意外的話，多數人都會進入熟年期，甚至維持一段頗長的時間。熟年期的生活成敗，很大一部分取決於你有多早開始預做準備，以及預做準備的工夫有多認真。

希望《今年開始，人生都是自己的：退休十年，我很好！老黑的無憾樂活告白》（時報）的人，《30開始：打造亮麗熟年》（時報）一點都不嫌早，《40歲起，簡單過生活》（時報），不要再大魚大肉、熬夜過日子，開始規劃老後生活所需的財務與投資。《50歲必學的生活整理術》（臺灣東販）與《60歲以後的人生整理學：從此開始的42種放棄與提升》（凱特）是一個人能否順利老化的關鍵，《關於變老這件事》（時報），務必越早開始學習越好。

◀進入熟年期的作家，紛紛出版熟年主題作品▶

還有一個有趣的現象，當上野千鶴子的作品引發銷售熱潮之後，國內也紛紛有知名作家推出與熟年議題相關的作品，像是廖玉蕙的《老花眼公主的青春花園》（天下文化）、彭蕙仙等作家的合輯《我的不老主張：12個熱情生活的長者故事》（遠流），劉墉的《年輕不老，老得年輕：劉墉寫給中老年人的勵志處世書》（聯合文學）、劉靜娟的《樂齡，今日關鍵字》（九歌），米果的《初老，然後呢？米果的老青春・幸福論》（大田），小野的《人生，不能什麼都要》（麥田）、簡媜的《誰在銀閃閃的地方，等你：老年書寫與凋零幻想》（印刻），丘引的《後青春》（寶瓶）、《四捨五入》（原水）、《與快樂共老》（寶瓶）。

其中，以簡媜老師的作品最為暢銷，而丘引老師則是對熟年議題的關注最深。

高齡化社會需要熟年出版來相助

說真的，眼下臺灣，對於如何構建一個適合熟年世代安居的社會，仍然摸不著頭緒。例如缺乏無障礙空間與通用設計規劃的城市和建築，會在高齡化社會來襲之後，造成很大的問題。

我們需要更多幫助熟年朋友融入城市與社會生活的作品，引導我們擘劃未來臺灣社會的設計藍圖，像是《2025 無齡世代：迎接你我的超高齡社會》（天下文化）與《創造連結：用設計創造有同理心的社會》（遠流）就是不錯的開始，不過還遠遠不足，我們還需要更多引導我們過好老後生活，讓社會與熟年世代共存共榮的好作品。

參考資料

新聞

〈單身不買房　老來租不到房〉，《理財周刊》，2014/09/27。

黃惠鈴，〈台灣臨終前「無效醫療」，來自家屬不放手〉，《天下雜誌》，2014/11/11。

滕淑芬，〈六年後　失能人口將達 87 萬人〉，《遠見雜誌》，2015/11/26。

黃邦平，〈勞退舊制提撥　4 萬企業 90 天要籌 1900 億〉，《自由時報》，2016/01/06。

蕭婷方，〈獨居銀髮族租屋　9 成房東搖頭〉，《自由時報》，2016/01/24。

〈勞保老年年金　平均月領 1.6 萬元〉，《中央社》，2016/08/04。

〈軍公教 9 月 3 日上街頭　大仁哥臉書貼文滅火〉，《自由時報》，2016/08/31。

吳象元，〈新住民家庭平均月收 4.6 萬　立委：許多陸外配落入「貧窮圈」〉，《關鍵評論網》，2016/09/27。

王宣晴、曹馥年、謝進盛、綦守鈺、楊濡嘉、蔡容喬、許俊偉、陳智華、陳宛茜、鄧桂芬、林敬殷、孫中英、黃信璁、蔡佩蓉，〈流沙中年〉，《聯合報》，2016/10/03。

小川榭，〈房租好沉重？荷蘭安養院出奇招：每月陪伴老人30小時，就能交換免費住宿〉，《風傳媒》，2016/10/08。

喬安Joanne/下一站，我們去旅行，〈法國官方機構調查：10%街友擁有高等教育文憑——他們是誰？為何流浪街頭？〉，《換日線》，2016/10/24。

王柔婷、陳顯坤，〈統計：詐騙案逾9成銀髮族　警方加強防騙〉，《公視新聞》，2017/04/27。

孫中英，〈以房養老　台灣比率仍低〉，《聯合報》，2017/05/30。

◆網站◆

Flora00，〈申請外籍看護的各項費用明細，及注意事項說明〉（http://flora00.pixnet.net/blog/post/41816247）。

Mr. Market　市場先生，〈退休後，到底要準備多少錢？1分鐘算給你看！〉（http://www.rich01.com/2016/09/1_8.html）。

內政部移民署（https://www.immigration.gov.tw/mp.asp?mp=1）。

內政部警政署（https://www.npa.gov.tw/NPAGip/wSite/mp?mp=1）。
行政院內政部（http://www.moi.gov.tw/）。
行政院主計總處（https://www.dgbas.gov.tw/mp.asp?mp=1）。
行政院國家發展委員會（http://www.ndc.gov.tw/）。
行政院衛生福利部（http://www.mohw.gov.tw/CHT/Ministry/Index.aspx）。
黃國華，黃國華耕讀筆記 596（http://bonddealerbook.pixnet.net/blog）。
臺灣失智症協會（http://www.tada2002.org.tw/）。
臺灣殯葬資訊網（http://www.funeralinformation.com.tw/index.php）。
衛生福利部中央健康保險署（https://www.nhi.gov.tw/）。
衛生福利部社會及家庭署（http://www.sfaa.gov.tw/SFAA/default.aspx）。
衛生福利部國民健康署（http://afc.hpa.gov.tw/Page/default.aspx）。

◆書籍◆

NHK「日本的明天」計畫、三菱總合研究所，《搶救 35 歲：經濟不可能「有感」復甦，該怎麼過才有好日子？》，大是。
NHK 特別採訪小組，《老後兩代同垮：互相支持的家人，為何變成了破產危機？》，天下文化。
NHK 特別採訪小組，《老後破產：名為長壽的惡夢》，大牌。
大前研一，《M 型社會——中產階級消失的危機與商機》，中信。
上野千鶴子，《一個人的老後》，時報。
王乾任，《人生下半場的幸福劇本》，三民。
洪伯勳，《製造低收入戶》，群學。
威廉・福爾曼，《窮人》，八旗。
許華孚、陳治慶，《發現社會底層的遊民：遊民之形成、被害經驗與治理之論述》，一品。
郭外天，《失能安全照護全書》，原水。
間川清，《防詐百科：破解詐騙集團的話術與手法》，台灣東販。
藤田孝典，《下流老人》，如果。

◀期刊論文▶

Berger, B. G., & McInman, A. (1993). Exercise and the quality of life. In R. N. Singer, M. Murphy, & L. K. Tennant (Eds.), *Handbook ofresearch on sport psychology*. New York: Macmillan.